铁军团队

欧德张 著

中信出版集团 | 北京

图书在版编目（CIP）数据

铁军团队 / 欧德张著. -- 北京：中信出版社，
2020.6（2024.12重印）
ISBN 978-7-5217-1746-4

Ⅰ.①铁… Ⅱ.①欧… Ⅲ.①企业管理—团队管理
Ⅳ.①F272.9

中国版本图书馆CIP数据核字（2020）第058253号

铁军团队

著　　者：欧德张
出版发行：中信出版集团股份有限公司
　　　　　（北京市朝阳区东三环北路27号嘉铭中心　邮编 100020）
承　印　者：北京通州皇家印刷厂

开　　本：880mm×1230mm　1/32　　印　张：9.125　　字　数：200千字
版　　次：2020年6月第1版　　　　　印　次：2024年12月第9次印刷
书　　号：ISBN 978-7-5217-1746-4
定　　价：69.00元

版权所有·侵权必究
如有印刷、装订问题，本公司负责调换。
服务热线：400-600-8099
投稿邮箱：author@citicpub.com

推荐序一

俞朝翎

阿里巴巴原全国 B2B 直销总经理、酵母商学院创始人

阿里在早期做 B2B 业务时，通常喜欢招聘"苦大仇深"类型的人。这一方面是因为当时公司的知名度没那么高，招聘并不是很容易，另一方面是因为吃过苦的人特别想改变命运。欧德张显然不是这种类型的人，当年面试时，他告诉我，他第一次创业就取得成功，已经有 7 家线下化妆品连锁店，自己既不"苦大"，更不"仇深"，只是想来阿里积累管理经验，并学习互联网运营知识。对于这一点，我十分好奇，并有些许怀疑，但他后来在阿里的经历确实印证了他当时的说法。

当年，阿里中供的精神和战术大多源自传承。作为一名从一线成长起来的优秀的中供销售管理者，老张在这本书中呈现了自己的切身体悟和理论总结。书中系统化的知识能够更好地帮助中小企业的领导

者。其实，阿里的管理方式并不像外界人士认为的那么高大上，这些管理方式都是从诸多战役中不断沉淀下来的，它们很鲜活，也很接地气。要想将其落地，就要化繁为简，持之以恒。

其实，懂人心和通人性是管理与文化落地的关键。在这个基础上，制度是非常重要的保障，这也是我在阿里负责全国 B2B 团队时的最重要的工作之一。好的制度能够把坏人变好，坏的制度能够把好人变坏，科学的管理制度能让企业文化深入人心。

领导力的关键就是打胜仗，打胜仗是最好的团队建设和文化建设方式，这也是阿里确保战略落地的关键步骤。对于组织、规划、启动营销战役，取得优异成果，并将其融入企业文化，老张有丰富的经验。希望他的这本《铁军团队》能够帮助更多的创业者。

推荐序二

黄建东
阿里巴巴组织与人力发展资深顾问

《铁军团队》终于面世了,相信读到它的人都会被它深深吸引并从中受益。

在读老张的文字时,我被深深触动,字里行间都是一个在企业"打过仗"的人对组织文化建构与践行的心得和体悟。

在商业环境中,没有一个经营者不想赢。大部分经营者不仅想赢,而且想更快地赢,于是顾不上组织文化这类虚无缥缈的东西。"组织文化能让我们赢吗?""就算有用,怎么打造组织文化?"读者朋友可以在这本书中获取有价值的答案。

在这本书中,老张以亲历者的身份分析了组织文化与业务的关系,并手把手教读者塑造组织文化,如何设计制度、激励团队,以及如何有效应对棘手的问题——"什么是一视同仁""高压线的意义和作用""如何逐级确立经营目标"等。

老张以生动的场景展现了领导者在打造组织文化这个系统工程中扮演的角色与所起的作用。更令我佩服的是，老张深刻复盘了自己的实践，并且复盘过程如此细腻。

这本书展现了老张经由一场场硬仗积累的对组织文化的相信与热爱，我自愧不如。在这本书中，我们不仅领略了组织文化的广而大——对客户、社会的影响，还触碰了组织文化的细而小——"红包包多少""团队吃饭谁请客"等。

你一定会被老张源于实践的宝贵经验吸引。

自　序

2006年，我在加入阿里巴巴时，抱持一种"潜伏"心态，觉得互联网会让商业发生很大的改变，想一探究竟。结果，我一不小心就加入了一支神秘的队伍——阿里铁军。时至今日，这支队伍在外界仍然有着很多传奇和美谈，而在当年，让我印象最深刻的是草莽、激情、签单的兴奋、被拒绝的沮丧，充满泪水和欢笑。短短五年的时间，我从基层销售做起，先后担任4个城市的区域经理，直至广东大区副总经理、"大政委"。从业绩和晋升速度来看，那几年，我算得上开挂，这除了和我的努力有关，也和阿里不拘一格的用人政策有关。

阿里在锻造组织能力的过程中不仅仅依靠制度、流程，更依靠人与人的传承。我很幸运，曾经和一批纯粹的阿里人——俞头（俞朝翎）、阿干（干嘉伟）、老刘（刘自成）、大炮（方永新）、杨子江、Flora（郑璐）等——共事。他们身上的正直、大局观和理想主义，都深刻影响了我。那确实是一段美好且令人难忘的燃情岁月。

由于这段经历对我的管理理念和实践的影响，离开阿里后，我创立了一家公司——布道教育。正如我当年在离职信中写的那样，我将会继续秉承阿里人的价值观，传播爱、梦想和快乐。8年时间，我们培训了近万名学员，把在阿里实践的可落地的方法传授给他们。我曾经将阿里组织战役的方法总结为一个体系化打法——"战争启示录"。我曾用这套方法带领义乌近100家外贸企业进行了为期45天的业绩PK（对决），实现业绩同比增长2.5倍。这些实践结果和无数学员的反馈，都印证了阿里的经验是可以应用到其他企业的。这也是我写这本书的初衷和愿望，希望能够帮助更多的创业者。

在今天这个VUCA[①]时代，环境的变化和趋势越来越难以预测，企业的核心竞争力到底是什么？产品？服务？技术？数据？文化？不同阶段、不同规模、不同竞争状态下的企业，答案是不一样的。在创业早期，往往是业务在驱动组织发展；在中后期，则是组织架构驱动业务成长，是组织的"心理资产"决定"资本资产"，而文化和组织领导力就是心理资产非常重要的组成部分，因此，本书将从这两个方面切入。书中既有从底层逻辑出发的理论分享，也有具体的实践案例分析。

领导力的本质是一场一场的胜仗。只有勇敢踏上战场，才会让一个人成为将军，而只有胜利后的"表达"，才会让企业沉淀文化。在本书中，你将会系统地学习如何组织和策划一场战役，如何唤醒"赢"的本能，创造"赢"的状态，实现"赢"的目标。你也可以了解企业文化是如何从创始人的心智模式出发的，以打造组织的语言模式、思

[①] VUCA，即不稳定（volatile）、不确定（uncertain）、复杂（complex）和模糊（ambiguous）。——编者注

维模式和行为模式，并塑造集体人格。

凝聚人心，常打胜仗，落地文化，赋能业务，希望本书能够对企业经营者、各层级的管理人士有所帮助。

最后，我非常感谢阿里巴巴给予我的这份管理宝藏，让我得以用实践者的视野和大家分享；感谢管理学和心理学大师们——埃德加·沙因、霍夫斯泰德、霍恩……他们的思想和理论体系，给我如灯塔般的指引；感谢中信出版社的信任和支持让本书得以面世；感谢李莹女士和毛淑慧小姐对文稿的修订；谢谢太太徐继晔女士，女儿张伊，儿子张洛，你们是我努力的动力。

由于自身水平有限，请读者不吝指正！

目 录

第一章 / 001
从"虚"到"实"打造文化

要将企业文化由虚做实,抓手不可或缺。本章结合阿里、华为、腾讯等企业的经验和实践,总结并提炼了文化打造的八大工具和三个重要时期。

文化打造的八大工具 _ 003
文化打造的三个重要时期 _ 017
培育文化打造的土壤 _ 021

第二章 / 029
造梦想:塑造团队使命感

造梦想就是培养团队的驱动力,为个人造梦,为团队造梦,更重要的是将个人的梦想与企业的梦想连成一体。

点燃个人梦想的因子 _ 031
善用八大平衡轮圈进行激励 _ 037
目标设定很关键 _ 043
让企业使命关联个人使命 _ 049

第三章 / 057

搭系统：如何充分运用组织中的隐形动力

团队和组织中存在一股特别的系统力量，认识它，了解它，利用它，能让你在管理中更自如、更清醒。

系统良知的运作法则 _ 059

运用系统动力进行管理 _ 069

应用"六个盒子"诊断组织 _ 077

运用"六个盒子"诊断案例 _ 085

第四章 / 087
建团队：打造一个凝聚人心的组织

阿里巴巴团队强大的战斗力源自哪里？运用四大法则，帮助你打造一支凝聚人心的团队。

挑战权威，树立假想敌 _ 089

随时随地制造胜利 _ 093

发现员工的天赋 _ 099

打开团队的心门："裸心会" _ 109

下属辅导中的借假修真 _ 115

建设干部梯队 _ 133

第五章 / 141

打胜仗：让团队爱上"赢"的状态

打胜仗不仅是对领导力最好的检验，也是对员工最好的激励方式之一。三个备战阶段，三种团建方式，助你打一场胜仗。

思想团建：用故事凝聚情感 _ 143

生活团建：玩在一起才能干到一起 _ 149

目标团建：随时随地定义成功 _ 155

阿里 B2B 广东大区历时 10 年的变革 _ 165

战争启示录：打一场硬仗铸军魂 _ 175

第六章 / 183
企业文化：集体人格的形成

用企业文化统一思想，就相当于统一员工行为背后的驱动力，借文化塑造员工的集体人格。

企业文化的几个关键词 _ 185

个人假设和共享假设 _ 191

使命、愿景和核心价值观 _ 201

企业使命和部门使命 _ 205

企业在不同阶段打造文化的方式 _ 211

阿里巴巴核心价值观的演变 _ 215

第七章 / 221
制度容器：文化打造的制度保障

信念的落地需要制度和流程提供保障，从奖惩、绩效考核到组织设计，提供全方位支撑。

制定企业高压线 _ 225
招聘：找到气味相投的人 _ 231
价值观和业绩双轨制考核 _ 239
阿里的组织保障："政委"体系 _ 251

番外篇 / 259
如何应对危机

在管理企业的过程中，困境无法避免，如何有效应对困境，是领导者自我修炼的一部分。

危机处理是一种应变领导力 _ 261
边反思，边行动 _ 265

第一章
从"虚"到"实"打造文化

要将企业文化由虚做实,抓手不可或缺。本章结合阿里、华为、腾讯等企业的经验和实践,总结并提炼了文化打造的八大工具和三个重要时期。

企业文化建设是一项系统工程，是现代企业发展必不可少的竞争法宝。虽然企业文化的打造受到了大多数企业的重视，但是如何能够让文化很好地落地，则是一个让管理者普遍感到头痛的问题。

我们先来看一下企业文化的三个层次，我把它定义为三个圈：最里面是信念，中间是制度，最外面是行为。

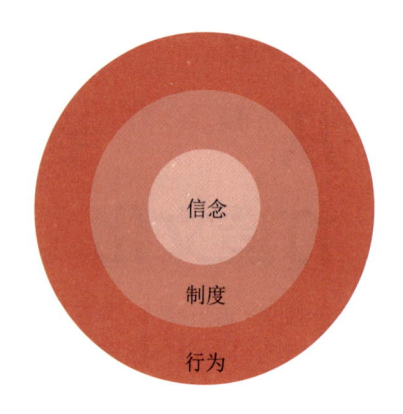

信念
制度
行为

这三个圈很好地阐述了文化落地的本质，即由"信念"向"行为"的转变，而这个转变是通过制度来进行保障和强化的，脱离了制度保障的行为是乏力且空洞的。

三个圈中，"行为"是最容易被人们感知的部分，也是最显化的部分。我研究了阿里巴巴、华为、腾讯等企业的经验，结合自己的实践，总结出了文化打造的八大工具，帮助企业将文化落地为具体的行为。

文化打造的八大工具

文化道具

文化道具的作用是借助"物"实现"心"的连接，从而达到"管心"的目的。最简单的方式就是在办公场所设置一些跟企业文化相关的东西，实现文化和信念的持续输出，在日常工作中一点一点地对员工产生影响。

例如，淘宝公司里有一面倒立墙。每当有新员工加入淘宝的时候，就会被人力资源经理拉到倒立墙那里去倒立，他会告诉新员工这是公司的传统。

我记得那个时候，淘宝的员工在见面的时候还会问彼此倒立的时间。就在这种轻松交流中，员工间的距离马上就拉近了。当然，倒立墙还有一个很重要的内涵，即淘宝希望员工都能够换个角度看世界。这就是淘宝的"倒立文化"。

阿里还有一条核心价值观——"团队合作"，所以在阿里有一个现象，即办公区域的墙上挂的照片基本都是团队照片。你去阿里参观，基本上不会看到个人照，连马云也大部分出现在团队照片中。

除了在办公场所设置一些与企业文化相关的东西，你也可以通过环境和空间设置来传达核心价值观。

所以，文化道具的价值就在于，领导者可以借助体现文化的实物，从很多细微的方面传递企业的价值观和文化，让企业内外的人都能感受到企业的特质。

需要注意的是，文化道具的选择要跟创业者的风格、主营产品以及业务模式相结合。

比如，受马云热爱武侠文化的影响，阿里的会议室多以"光明顶""达摩院""桃花岛"这类武林圣地命名。以QQ起家的腾讯则崇尚公仔文化，其标志性的企鹅形象就是借用生活在地球极端的企鹅，来展示其产品可以联络地球的两端，让沟通更加方便。其核心价值观也与动物有关，比如长颈鹿代表正直，海燕代表进取，犀牛鸟代表合作，鹦鹉螺代表创新。

虚拟组织

虚拟组织的意思是，在职场工作关系之外，寻求另外一种互信关系，比如朋友关系，以此连接情感，打造企业文化。

在罗德·瓦格纳和詹姆斯·哈特的《伟大管理的12要素》一书中，他们研究了1000万个企业员工和管理者，并从调查数据中发现，在影响员工满意度的12个主要因素中，有一个非常重要的因素——在企业中至少有一个好朋友。

怎么让员工在企业中至少有一个好朋友呢？比较容易操作的一种方法就是建立虚拟组织，用爱好连接员工。

企业里的部门通常是按照职能划分的,是垂直的,而虚拟组织是横向的。比如一些员工喜欢打羽毛球,财务部的人可以和采购部的人组成一个小队,从而加深两个部门之间的碰撞和交流,这样就有助于打破部门之间的壁垒。

在阿里,最大的虚拟组织就是"阿里十派"。员工根据自己的爱好,分别加入 10 个不同的"帮派"——电影派、英语派、摄影派、宠物派等。阿里官方对"阿里十派"的评价非常高,说它是"文化传播机""快乐制造者",高度肯定了虚拟组织的价值。

除了可以根据爱好建立虚拟组织,也可以建立与业绩有关的虚拟组织。

例如,当年我在深圳带团队时,销售个人单月最高业绩一直卡在 70 多万元,无法突破。我就向公司建议搞一个名为"百万俱乐部"的虚拟组织,只有销售额过百万元的销售才能加入,他们的照片会被放到"百万英雄榜"上,张贴在公司内。

当时的奖励方案也别具一格,因为公司奖励预算有限,我就建议奖励获胜的顶级销售办公楼下的两个停车位。

你肯定会问:"为什么是两个车位呢?"因为那样可以让他们横着停车,看起来很霸气,有面子。你可能觉得这个方案有点搞笑,但当时确实达到了效果:奖励方案推出的第二个月,就有 4 个销售业绩突破百万元。

所以,不要低估虚拟组织的作用。有时,文化就是这么一点一点对业务产生刺激作用的。

价值呈现

价值呈现的本质就是层层传递企业使命和愿景。

在层层传递的过程中,要让员工对各级的使命、愿景、战略等认知得更清晰,领导者需要把它们浓缩成一句句口号。

例如,我曾经给一家叫作天杨的公司做咨询,这家公司规模比较大,有好几个业务大区。公司老板跟我说,之前他想从江苏大区调几个人到别的区域,结果江苏大区的总经理不同意,因为他觉得自己培养出来的人最好用,如果调给别人,自己的业绩会受影响。

可以看出,公司和江苏大区之间存在目标不统一的问题,并且江苏大区的总经理过度关注绩效目标,甚至将分公司的优先级置于总公司之上。在企业中,下一层级的使命必须服从上一层级的使命,为上一层级的使命服务。

所以,我就问江苏大区的总经理:"你这个大区的使命是什么?"

当时江苏大区的总经理回答说:"把业绩做到最好。"

我又接着问:"除了贡献最好的业绩之外,你还能为公司做什么呢?"

他想了想,说:"为公司培养人才。"

对于一家企业来说,最重要的其实就是两件事,一是做事,二是培养人。

所以,我趁热打铁,对江苏大区的总经理说,培养人才不能只是嘴上说说。我提供了一个方案:培养人才要"软硬结合",要注重企业使命和愿景的传递。

"硬"就是说企业要有制度保障，要将培养人才写入KPI（关键绩效指标）考核。"软"就是起个口号并喊出来，给员工打入"心锚"。

当时天杨的老板和江苏大区的总经理都赞同并愿意采纳这个方案。于是，我结合实际情况，规划了下一步行动。因为当时江苏大区的目标是人才培养和业务王牌，所以我为他们定了一个口号，叫作"天杨黄埔，王者江苏"，并让他们定制印有这八个字的文化衫，在年会的时候穿出来，呈现他们的全新面貌。

这样，江苏大区就成了传承公司使命和愿景的代表，也通过口号告诉大家，江苏大区将作为天杨的"黄埔军校"，为企业输出人才。等到老板下次再向江苏大区要人，江苏大区的总经理就不好意思拒绝了。

所以，在绩效考核方面，只有硬的不行，只有软的也不行，要软硬结合才行。

但我发现，很多企业都比较重视硬的制度的部分，而忽视了软的部分。其实，在层层传递使命、愿景的过程中，不仅仅是简单地将使命、愿景层层分解，与各级部门的业务相连，还要将它们提炼成口号。这样能够更容易给员工打入心锚，慢慢地让员工产生认同感和凝聚力。

传承布道

传承布道，即在企业里建立一个网络来传播文化。这个网络通常由老员工、标杆人物、高层和一线管理干部组成。

第一，老员工。老员工最适合传播企业文化。除了平时工作中以身作则之外，老员工还可以在培训新员工时宣传企业文化。对新员工来说，听领导讲企业文化的感受反而没有听老员工讲的感受深刻。

我至今对阿里的一个福建籍老员工印象深刻，他在阿里新员工入职培训时作为顶级销售发表了一段演讲。

一开始，他什么也没讲，就给我们看了一张照片，上面有136张车票。他让我们猜他花了多久才用完这136张车票。我们觉得起码要两三个月，结果他说他只用了一个月。那个月他平均每天拜访20个客户，最终签了三单。他用一个月的时间做了别人三个月才能完成的事情。最后，他说："做销售，最重要的就是勤奋。"

那张贴了136张车票的照片和他讲的故事给我留下了深刻的印象。关键是，他仅仅是一个普通员工，这就会让新员工感到亲切，进而会提升自信——只要自己努力、勤奋，也可以像他一样成功。

所以，让老员工在培训新员工时传播公司文化，传达团队价值观，是一个不错的选择。

第二，标杆人物。在阿里，每年都会选出几位代表公司价值观的标杆人物。我们通常对标杆人物有三种称呼，即榜样、明星和英雄。

怎么界定和区分这三个角色呢？这需要领导者思考谁能代表企业的价值观。

在人们心目中，榜样是焦裕禄、雷锋这样的人，他们干得多，拿得少，呕心沥血，鞠躬尽瘁，死而后已。

<u>企业在初创期一定要树立榜样，因为这个时候企业能给的福利不多，只能树立榜样，让其他人向榜样学习，鞠躬尽瘁。</u>

当公司发展到能够支付更高薪酬的时候，领导者就应该把那些干得多、拿得多的明星树立为标杆人物。比如，一个月拜访600个客户

的员工就是明星,我们要把这样的人的形象放大,让他们分享经验,和其他员工交流,让他们成为整个公司的明星。但是明星毕竟是少数,比较难树立,企业无法一直标榜他们。

其实,企业中最应该被标榜的是英雄。什么是英雄呢?《亮剑》中的李云龙曾说:"王牌飞行队出来的都是王牌飞行员,硬骨头连出来的都是硬骨头。"你会发现,英雄很多时候都是以群体形式出现的。大部分企业需要培养英雄,最关键的就是创造培养英雄的土壤。

文化就是培养英雄的土壤。

在阿里巴巴,如果一个地区出现了顶级销售,就会持续出现顶级销售。这其实就是土壤的力量。

我们应如何传播英雄的价值观呢?我认为,全员大会是一个很适合的形式。如果要标榜英雄,就让他站到全员大会的演讲台上。领导者要特别注意,你要逐字逐句审读其演讲稿,因为在员工看来,他代表公司发言,所以讲什么和怎么讲都很重要,不能让他随意发挥。

第三,高层。高层的示范作用很重要。任正非曾经去战乱的阿富汗和利比亚看望员工。那里的很多员工给任正非写邮件说:"任总,您别来了,这里正在打仗。"任正非则回复说:"我若贪生怕死,凭什么让你们英勇奋斗!"这就叫作高层示范,这对员工的激励作用非常大。

第四,一线管理干部。他们跟基层员工接触最多,也是最适合在日常工作中向一线员工宣传企业文化的人。他们可以通过日常管理或团建传递企业文化。

所以,公司应把老员工、标杆人物、高层、一线管理干部组织成一个传播价值观和企业文化的强大网络。

团队建设

团队建设可以分为三种。

一是思想团建。

思想团建本质上就是对团队成员进行思想教育，在信念层面激励他们。这涉及激励的黄金圈法则。你会发现，那些非常善于激励人的领袖，他们在激励别人的时候，都是在讲一件事情——Why（原因），即为什么而战、为什么要那样做，比如丘吉尔和巴顿将军，他们一般不讲What（内容）和How（方法）。

所以，在做思想团建的时候，主要应讲清两件事：一是为何而战，为什么要努力，为什么要奋斗；二是这件事和他个人有什么关系。我们要把使命、愿景、战略这些理性目标转化为感性目标，转化成梦想，然后将其灌输给员工。

有一次，我帮一家企业进行团建。当时，很多员工觉得相对于他们的竞争对手，公司的技术和产品都很落后，因此士气有些低落。于是我把电影《赛德克·巴莱》的一句台词读给他们听："如果你的文明是叫我们卑躬屈膝，那我就带你们看见野蛮的骄傲。"这句话是赛德克族人面对入侵的日本人说的。影片中，为了节省食物，母亲和妻子为男人们准备好食物后集体自杀，孩子们在射完最后一颗子弹后抱着敌人跳下山崖。这就是他们的骄傲。

你看，这句话在两家公司竞争时，多么应景。我说："是的，他们的App（应用程序）比我们的好，技术比我们强，钱比我们多，但是如果他们的文明是让我们卑躬屈膝，我们就要让他们看到野蛮的骄傲。"员工听了之后士气高昂，那个月他们的业绩达到竞争对手的70%，而之前只有30%。

所以，团队的潜力是无限的，当你掌握了真正的激励方法，就能改变人们的思想，激发人们的潜能，这就是思想团建。

二是生活团建。

生活团建就是让团队成员共同经历一些事情，从而沉淀感情。工作的激情源于生活，一个不热爱生活的人是很难带领人们快乐工作的，毕竟人不是机器。在进行生活团建时要注意以下三点：（1）释放点，就是大家要互相"裸心"；（2）甜蜜点，要设置一个能够让大家为之感动的环节；（3）记忆点，要留下可以记忆的内容，比如视频、照片或邮件。

以前在带团队的时候，我要求主管在每个月的团建中做到"三个一"，即一次聚餐、一次感动、一场旅行。当然，做生活团建的时候你要因人而异，带年长的团队成员去看纵贯线或张学友的演唱会，带年轻的团队成员去看话剧《活着》，带有活力的团队成员集体去踩动感单车，带文艺男女青年去大理、丽江旅行，你会收到很奇妙的效果。

三是目标团建。

目标团建就是带领团队达成目标。思想团建、生活团建都是为目标团建服务的。在实现目标的过程中，领导者需要根据战斗情况，植入信念和文化，激励团队。

要注意的是，打了胜仗固然好，但如果打了败仗，也要懂得从中寻找闪光点，找到另一种角度的"赢"，以激励团队，为下一次战斗做准备。

在日常管理中，思想团建、生活团建和目标团建需要持续进行，而目标团建,即带领团队打赢一场一场的战斗,效果是最持久的。

文化游戏

为什么年轻人喜欢玩游戏呢?因为游戏的两大特点十分吸引人。

一是游戏中有PK(对决)。所以,PK一定要成为企业里最大的文化游戏。

前段时间,我跟公司一位负责公众号的员工PK,看谁能先增加3 000个粉丝,谁输了就请客。结果,她疯了一样写文章,渴望赢。所以在企业里,最值得引入的游戏就是内部竞争,形成一种无处不PK、无处不竞争的氛围。

二是游戏中有即时反馈。在游戏里,你打倒一个大BOSS(老怪)之后,马上就能获得奖励。在企业的文化游戏里,也要如此设置。最简单的即时反馈就是输赢的赌注,这时,设置什么样的赌注十分重要。

我曾给一家在线英语教育公司做培训,其老板因公司没有战斗力而十分苦恼。我问他们是否进行过内部PK,他们说PK过,但是依然没有成效。这让我感到很奇怪,为什么PK没能激起员工的斗志呢?

深入了解后,我才发现,他们PK的赌注是输了的男生做30个俯卧撑,女生做50个下蹲,而这正是问题所在。这个赌注实在无关痛痒,输赢对员工来说无所谓。

什么样的赌注才有挑战性,能让员工愿意拼一把呢?

举个例子,2003年,阿里有一场著名的PK,打赌的人是马云和阿里的"销售战神"贺学友。

贺学友是 2002 年的顶级销售。在给贺学友颁奖的时候，马云问贺学友，2003 年他打算做多少业绩。贺学友说一天做一万元，一年365 万元。

马云听了之后认为得加个条件，除了完成 365 万元的业绩外，老客户不能丢，续费率也必须达到一定的量，低于这个数字也算输。

他们的赌注是，如果马云输了，贺学友就可以在世界上任何一家餐厅吃饭，差旅费全报销；如果马云赢了，贺学友就要跳西湖。

最后的结果是贺学友完成了业绩目标，但是续费率没有达到目标。没办法，他就在一个晚上，当着众多同事的面跳进西湖。

从那之后，阿里巴巴的 PK 文化就轰轰烈烈地拉开了序幕。一个团队要想应对外部的激烈竞争，需要先在内部营造竞争氛围，因为外部对手是最不会对你心慈手软的，所以在内部锻炼员工的竞争意识和接受挑战的能力，他们才不会在激烈的外部竞争中乱了阵脚。

这就是"文化游戏"的价值，在内部建立竞争机制，锻炼团队的作战能力，也可以给予他们即时反馈，形成持续激励。

固定仪式

仪式能够赋予事件更深层的意义，让人更加难忘，也可以形成一种心理上的契约。

阿里有很多固定仪式，比如每年 5 月 10 日是"阿里日"，是家属参观日。

这个节日背后有个故事。2003 年 5 月 10 日，当时正值非典时期，有一位从广交会回来的阿里员工被确诊。因为她回来之后几乎跟所有部门的人接触过,所以为了避免病毒传播,所有阿里人都被要求回家办公。当时马云很焦虑,但是关明生很淡定,他还恭喜马云,说这是一个凝聚团队人心的大好时刻。

员工回家办公,他们负责的热线被全部转接到家里,他们的家人也会帮忙接电话。隔离结束后,为感谢家属的支持,马云就把5月10日这一天定为阿里的家属日,欢迎家属在这一天来阿里参观。之后随着"阿里日"的发展,这一天还加入了集体婚礼等项目,变得更温馨、更贴心、更感人。

对于大部分企业而言,固定仪式就是年终大会,这也是几乎所有企业都会做的一件事。年会是基层员工的舞台,平时他们很少有机会能够这样聚在一起,一年一次的年会对他们来说很重要。但是,一场好的年会应该怎么策划呢?

我认为年会应具备四个要素,即快乐、感动、嘉许和方向。

一是快乐。一定要在现场设置一些好玩的环节,比如集体游戏,而且游戏要简单、有趣,让大家能够一起玩儿。

二是感动。一定要有感人的环节,比如让英雄分享他身边发生的小事。阿里有一年就推出了一个英雄,叫吴菊英,请她上台分享。

她在小区散步的时候,徒手接住了一个从楼上摔下的小孩子,导致她双手骨折。那一年,阿里把她评为"最美阿里人"。阿里认为她的行为很好地传达了阿里的奉献精神,"我们要的就是这样的员工"。这个环节就很让人感动。

三是嘉许。除了设置跟业绩相关的奖项,也可以设置一些跟业绩无关的奖项,比如最佳微笑奖、最有温度奖。

有一年布道教育就把"阳光微笑奖"颁给了扫地的大伯。大伯加入公司已经 7 年，每个员工到公司看到的第一张笑脸就是大伯的。颁奖时全场掌声雷动，员工都觉得这是一个最温情、最有人情味的奖。这类奖项的设置，也表明了企业的价值观取向。

四是方向。方向只能由 CEO 来讲，所以每年年底的晚会上，阿里员工都很期待马云的讲话，听听他讲讲阿里未来三年的规划，员工就能明确未来的方向。

如果企业的年会按照这四个维度去设计，那么这个年会就有血有肉了，之后再慢慢填充细节，就可以成为一个固定仪式。

企业文化的表达需要借助一些外在的形式，用正确的方式组织活动，能够更好地展现文化的力量。要知道，缺乏仪式感，文化的效果就会大打折扣。

故事传播

故事是有灵魂的证据，一个企业的故事是企业的无形资产。创始人的故事、公司的发展历程、业务发展中的高光时刻、员工的故事等，这些都可以成为传播企业文化和价值观的素材。

目前，最好的故事传播载体是视频，所以我们要懂得用视频来传播企业的故事。

有时，你很难告诉员工应该做什么，但是你可以给他们讲讲别人的故事，让他们了解别人做了什么。这就是故事传播的力量，通过故事可以传递企业文化和价值观。

文化打造的三个重要时期

文化打造有三个特别重要的时期：一是关键危机期；二是新员工期；三是老员工期。

关键危机期

当企业面临危机，或者面对关键战役时，领导者需要勇敢地站出来。

当年，很多媒体抨击阿里得了文化病。于是马云委托他的代言人王帅出来讲了一段话："如果坚守企业文化是一种病，我们愿意病入膏肓；如果打击腐败是一种错，我们愿意一错再错。"顺丰总裁王卫在顺丰小哥被打的第二年，带着他一起上市敲钟。

一个领导者站出来，本身就是企业文化建设的一个重要信号，是一种文化现象。领导者需要在战前动员大会上站出来，在固定仪式上站出来，在重大危机时站出来，在战后庆功时站出来，这是四个非常关键的时刻。

新员工期

新员工一般都是怀着忐忑的心情进入新公司的，在接下来的三个月里，他所看到、听到、感知到的东西，是他对这家公司的文化最直观、最深刻的感受和理解，所以让新员工融入文化十分关键。为了让新员工更好地深入了解企业文化，阿里做了三件事。

一是在新员工培训时加入有关企业文化和制度的内容。阿里的新员工培训时间长达27天，其中有近一半的时间是在讲企业文化。27天之后，新员工就会对阿里味道、阿里文化、阿里制度有比较深刻的认知，进而快速融入团队。尽管这个过程耗时很长，成本很高，但是有价值。

二是建立一个新员工融入项目，具体规定第一天做什么、第一个月做什么、第二个月做什么等，内容涉及员工交流、公司架构、业务和流程、短期目标等。这能够帮助新员工更快地融入团队，也能够通过这个过程让新员工再次感受企业文化，加深了解。

三是要和新员工达成"五个认同"和"一个认知"。

五个认同是：(1)行业认同——了解为什么要加入互联网企业；(2)企业认同——为什么在那么多互联网企业中，选择了阿里巴巴；(3)职业认同——为什么要加入阿里巴巴做这个工作；(4)团队认同——为什么这个岗位会在这个团队里面；(5)自我认同——为什么认为自己能胜任这个岗位。

一个认知，即价值观认知。价值观认知是新员工实践价值观的第一步，第二步是认同，第三步是承诺，第四步是尝试行为化，第五步是行为财富化，第六步是行为循环化，第七步是知行合一。新员工在践行价值观时，上级主管一定要及时给予表扬。只有在得到精神鼓励之后，新员工才会坚持，往前一步，再往前一步，逐步将行为循环化，最后慢慢地达到知行合一。如果没有这个过程，新员工很难真正践行价值观。

老员工期

在老员工身上，文化打造的方式是找到故事和甜蜜点，发现身边事、平常心、真性情。可以通过仪式和故事等方式，告诉其他员工，老员工都做了什么，他们是如何践行企业文化的，企业文化又是如何塑造他们的。

最终，文化是一种启蒙，是让那些词语、金句、行为规范和制度等，在员工身上实现内在化、自觉化，让人性最本质的光芒焕发出来。所以，并不是天天跟员工讲使命、愿景才叫文化，那些普通人的人生故事，也是企业文化。这些故事说明他们为这家企业付出的努力以及与企业交互的过程，这些会对他人产生影响。

文化是虚的，要把虚的东西做实；文化是散的，要把散的内容聚合；文化是高的，要把高的姿态放低；文化是硬的，要把硬的形式做软。这就是文化打造的四大心法。

培育文化打造的土壤

很多领导者会抱怨下属只盯着自己的 KPI，而不愿意承担团队或者公司的其他职责。其实，无论是用 KPI 还是 OKR（目标与关键成果法）进行考核，其本质都是想用 20% 的管理抓手得到 80% 的绩效结果，因为目标和考核指标无法涵盖所有的工作内容与员工行为。对于那些没有纳入考核的行为，管理者应如何去管呢？

所以每当有不可控的事情发生时，比如出现黑天鹅事件，人们就会发现，普通员工想的和管理者想的不太一样，管理者想的和老板想的也不太一样。如果把员工不积极的表现，比如没有站在公司角度进行创新，没有主动申请降薪，简单地归因于员工的个人价值观问题，或者企业文化问题，是不对的。毕竟，夫妻大难临头也会各自飞，更何况老板和员工只是利益共同体。

其实，很多企业并不是企业文化出了问题，而是没有形成"力出一孔"和"利出一孔"的机制，也就是土壤不行。我们需要给文化培育土壤，土壤的肥力决定了文化能否茁壮成长和健康。

那么，要如何培育文化土壤，实现上下同欲呢？

什么是上下同欲？这个"欲"指的是欲望吗？显然不是。上级和下级想要得到的物质或精神收获是不同的。是目标吗？也不尽然。尽管上级的目标往往包含下级的目标，但下级要通过什么方式理解上级的目标呢？或者如果两者目标的方向有偏差，也很难形成上下同欲。上下同欲是语言和行为方向的一致，也是目标方向的一致，更是思想的一致。

阿里高层的两个"不说"和一个"说"

阿里有一句管理土话，叫作"高层不谈文化，基层不谈战略"。"基层不谈战略"比较容易理解，因为战略应该是高层思考的问题，让高层考虑公司的方向和未来以及战略上的取舍。但"高层不谈文化"就比较难理解了，那应该由谁来谈文化呢？

其实这里的"不谈"，是说高层在文化领域不要夸夸其谈。那高层应该如何来谈文化呢？基于我对文化和阿里的理解，我认为高层在文化领域要做三件事：两个"不说"和一个"说"。

两个"不说"

第一个"不说"指的是要以身作则。作为高层，文化不是高谈阔论，而是言行一致，行胜于言，要体现在自律上。

第二个"不说"体现在制度设计上。制度设计是高层非常重要的工作，在设计制度时要做到三个"一致"。

一是上级和下级的绩效考核维度方向一致，这样才会力出一孔。如果上级考核的是客户体验，下级考核的是营业额，这就会在制度上导致"上下不同欲"，管理抓手更是无从谈起。

二是组织管理和组织架构保持一致。如果要求某地区分公司的管理者负责管理当地市场部团队，但是当地市场部直接向总部汇报，这就意味着当地市场部人员的招、留、育、用、汰都是总部说了算，在这种情况下，地区分公司的管理者就无法有效履行管理和监督职责，团队就会一片混乱。

三是公司重要的战略控制点和绩效考核的占比权重保持一致，以保证利出一孔。比如，对于一家以客户服务为重要竞争力和核心战略控制点的公司，对一线管理者的考核就要对客户服务有所偏重，权重要大于其他考核内容，这样才能保证组织能力的打造方向和公司战略方向一致。

从这三个"一致"可以发现，上下同欲是被精心设计出来的，而上下不同欲也可能是被设计出来的。好的制度设计的原则是懂人心，通人性，把坏人变好；而坏的制度设计就是挑战和考验人性，鼓吹以自律取代他律，盲目放任，从而把好人变坏。

一个"说"

之所以阿里土话说"高层不谈文化"，是因为它想提醒高层，文化不能停在口头，而要进行自我约束和制度设计。

其实，表达也很重要，而且文化在很多时候也需要通过表达来塑造。在表达时，同样要做到三个维度的一致，即数据语言一致，管理语言一致，文化语言一致。

第一，数据语言一致。在数字化时代，管理效率部分体现为业务数据化能力，即通过数据呈现业务价值链和逻辑。以电商为例，进店人数少，可能与流量获取有关；页面停留时间短，可能与页面设计和客户体验有关；单笔订单购买件数少，可能与客服的销售能力和产品串联组合有关；复购率低，可能与客户运营有关。

当然，这只是我的理解，不是每一家电商企业对数据化的解读。但是在一家企业中，业务数据的获取、呈现、表达、解读、沉淀和管理都要体现上下认知和执行的一致性，这就叫数据语言一致。

第二，管理语言一致。管理不是自然科学，而是人文科学，这也就意味着很多问题并没有标准答案，只有属于时代的最佳实践。所以不同学历、背景和职业经验的人对于管理的认知差异极大。如果你用管理体力工作者的管理方式去管一群脑力工作者，或者用管互联网企业的方式去管一个生产型企业，那么在管理上就一定会产生很大的冲突，根本不可能形成上下同欲。

很多企业既有脑力工作者，又有体力工作者，怎么办呢？京东就是这种情况，它在企业内部形成了二元文化：对于脑力工作者，要让他们觉得有价值；对于体力工作者，要让他们活得有尊严。这就是企业文化和价值观倡导的方向要与管理决策保持一致，即管理语言一致。

如果企业文化是以奋斗者为本，那么在管理语言上就要有所体现，最简单的方法是先提出口号，然后确立机制和流程保障奋斗者的利益，最后真正形成文化。

管理语言有多种表现形式，比如阿里土话就是一种非常具有阿里特色的管理语言。例如，昨天的最高表现就是今天的最低要求——这是一个与绩效管理有关的表达。又如，向上管理要有胆量，平行管理要有肺腑，向下管理要有心肝——这是一个与沟通管理有关的表达。著名的阿里体验式学习项目——三板斧，本质上就是对管理语言一致性的训练。

第三，文化语言一致。文化是一家企业在解决外部适应和内部整合问题的过程中的一系列共享假设。很多时候这些假设是公司管理层做决策的依据，没有这些依据，很难实现"上下同欲"。

一般来说，公司的经营时间越长，文化语言的标准就越多。比如，客户、员工和股东，这三者的利益是如何排序的？人力资源价值和企业经营价值哪个靠前？使命和愿景是否清晰明确？企业的战略取舍是基于明确的使命和愿景的，如果使命和愿景不确定，那么对战略的讨论只能落到对市场机会的捕捉上，这样企业就可能受短期利益驱使，而忽视长远目标和方向。

综上所述，要实现上下同欲，需要做到六个一致：数据语言一致，管理语言一致，文化语言一致，上级和下级的绩效考核维度方向一致，组织管理和组织架构一致，公司重要的战略控制点和绩效考核的占比权重一致。这些其实都属于文化制度层。制度层的作用就是让信念转化为行为和习惯。

如何让文化"长"出来

除了上面提到的六个一致，还有一个一致也必须做到，即激励方向和文化导向一致。

"文化不是创造出来的，是自己长出来的。"这也是一句阿里土话。它道出了文化的源头，但也容易让人误解，以为文化是自然而然形成的。其实，这句话只指出了文化打造的第一步，即先要有员工自己做出来的好行为，我称之为"发现员工行为之美"。下一步是对这种行为之美进行提取和淬炼，从而使其升华为更加普遍的价值观，最后落地打造。

用一句大白话来说就是，文化从员工中来，又回到员工中去。领导者在这个过程中，需要特别注意的是及时对员工的好行为进行表彰和嘉奖。

这件事情说起来不难。我在和很多 CEO 交流的时候发现，他们更关注员工的不足。站在文化的角度，一定要发现员工行为之美并进行表彰，也就是说，激励方向和文化价值观导向要一致。

一张图，一条心，一场仗

当然，文化最终是要为业务服务的。所以我们来看一下文化、组织和业务的关系。

文化领域的管理者在制订年度工作计划的时候，经常犯的一个错误就是所有设计仅仅基于文化层面。

在设计文化项目的过程中，一定要考虑文化和业务、组织的协同和逻辑关系。如果没有考虑这一点，文化、组织、业务就会成为三套独立运作的体系。这种脱节会导致员工对公司组织的培训、学习、文化类活动失去兴趣，很多员工会觉得："搞这么多花里胡哨的东西干吗？好好做点业务不行吗？"

我举一个特别简单的案例，大家就会明白文化、组织、业务三者之间的逻辑关系。比如，公司要在 9 月冲刺一个业绩高峰，那么 9 月往往不会有任何文化和培训活动，前线和中后台都必须全力以赴。设想一下，如果前线的员工在打大仗，中后台的员工出去旅游或者参加培训，这一定会对前线员工的心态和斗志产生影响。也就是说，文化需要给业务提供支持。

9月全员要打大仗，8月就要做这么几个关键动作：启动会、裸心会、生活团建，以凝聚团队。7月呢？就要进行人才盘点，调兵遣将，管理层要复盘、集体学习等。只有当组织和文化为业务服务时，这三者才能形成合力。

三者的合力如下图所示，首先要让业务方标注一年中重要的业务战役和时间节点，然后明确与之匹配的所有组织能力建设的项目，再明确文化方面的项目，最后调整逻辑和顺序。

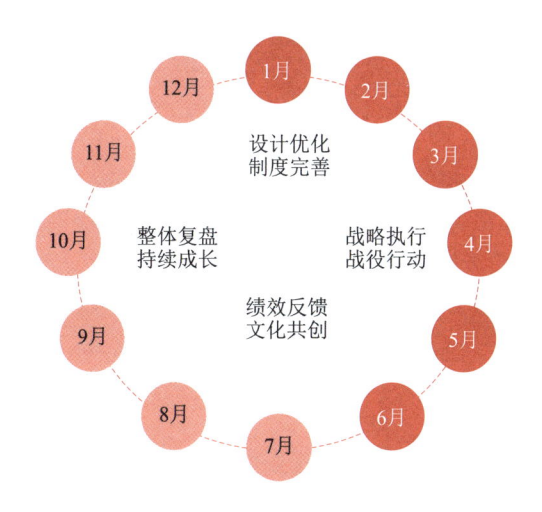

```
        12月   1月   2月
                        3月
     11月   设计优化
            制度完善
  10月  整体复盘   战略执行   4月
        持续成长   战役行动
            绩效反馈
            文化共创
     9月                    5月
        8月    7月    6月
```

这张图需要业务方、人力方、前线和中后台达成高度一致，共同形成一张多条战线并行的项目执行图。大家可以按照上面的步骤，依次填入业务、组织和文化三个领域相应的管理动作，最终实现一张图，一条心,一场仗。

总结一下,要形成上下同欲的企业文化,从大的板块来讲,要做到三点。第一,高层不谈文化,基层不谈战略。第二,让激励方向和文化导向保持一致。这里的激励方向更倾向于精神和务虚层面,虚的事情要做实。第三,一张图,一条心,一场仗。

第二章
造梦想：塑造团队使命感

造梦想就是培养团队的驱动力，为个人造梦，为团队造梦，更重要的是将个人的梦想与企业的梦想连成一体。

在企业里，我们把共同信念叫作价值观，把共同行为叫作业务战略。业务战略是看得见的，是"阳"，组织文化是看不见的，是"阴"。这其中包含两个很重要的观点。

第一，所有文化必须生长在业务上面。孤阳不生，孤阴也不长，跟业务相关的文化才是对企业有效和有价值的。

第二，文化一旦形成就会反向驱动业务的生成。这正是阴阳调和生息的过程。

信念与行为缺一不可，在业务与文化中间，还需要一个东西进行链接，它是后于业务，但先于文化长出来的，它就是领导力。领导力就是让别人跟随你，并且通过别人取得卓越成果的能力。这正是企业管理者需要去做的事，也是一项必须修炼的技能。

点燃个人梦想的因子

为什么要造梦想

梦想是什么？梦想就是我们连做梦都在想的事，是我们面对困难时的勇气和力量，是暗夜里闪闪发光的星星，也终将成就一个闪闪发光的我们。以梦想引领人生，将是一件非常幸福的事。

人如果没有梦想，那和咸鱼有什么区别？没有人想让自己的员工成为咸鱼或者机器人。

回到企业经营管理，造梦想就意味着驱动力建设，这尤为重要。

在阿里的一次会议上，有人问HR（人力资源）的职责到底是什么。马云当时回答说HR的职责是把机器人变成人。今天，我们再也不能用工业时代的思维去管理一群在互联网时代长大的员工。今天的员工是一群更加个性化、更加注重个体发展的年轻人。所以，在员工管理上，最重要的一件事就是"视人为人"，给员工足够的尊重。

马云就曾公开表示："公司的第一大产品是员工。"员工强大了，公司的产品自然会强大，服务就能更好，客户才能满意。阿里巴巴给员工提供的关怀也是全方位的，从员工差旅保险，到家属免费体检，再到无息购房贷款、疾病援助金，建立了一个涵盖员工个人及其家庭的保障体系。这样，员工自然能够对企业产生更多的认同感和归属感，能够真正快乐地工作，用心去做事。

想要更好地激发员工，首先要"视人为人"，尊重他们，了解并满足他们的深层需求。这样他们就会给出正向反馈，有更大的动力为实现自己的目标，实现团队和企业的目标努力。

影响个人绩效的两类因子

美国心理学家、行为科学家赫茨伯格曾经提出一个双因素激励理论。他将影响员工工作绩效的因素分成两种，一是保健因子，二是激励因子。

保健因子包括工资、工作环境、人际关系、职位、管理制度等和工作内容本身没有太大关系的物质利益与工作条件。如果工作中这些条件没有被满足，员工就很容易产生不满。

任何一个企业要想安抚员工，维持工作水平，就必须让这些因素维持在使员工满意的水平。不过保健因子最大的价值是降低员工的不满，但并不能提升员工的绩效。

举个例子，有一天，老王接到财务的电话："你的工资从原来的5 000元涨到8 000元了。"老王听了当然会非常开心，但是老王会开心多久呢？最长一个月，一个月后，他就会以8 000元月薪的身价自居了。

如果这个时候，他又接到财务的电话："老王，不好意思，我们搞错了，你的工资涨到了7 000元，非常抱歉！"请问这个时候老王的心情会如何？他会认为自己是涨了 2 000 元工资还是降了 1 000 元？他一定会觉得自己被降了 1 000 元工资。所以，在改变保健因子的时候，需要非常谨慎。

激励因子则包括工作本身带来的成就、得到的认可、提升的可能性、成长的空间、精神的鼓励、额外的奖励等。

激励因子能够让员工有满足感，这样才会提升绩效，但激励因子必须在具备保健因子的情况下才能发挥作用。

两类因子如何发挥作用

我有一个朋友叫志勇，他每次去杭州都住同一家酒店。

有一次朋友聚会，大家忍不住问他："为什么你每次来杭州都住那家酒店？"志勇告诉大家："我发现几乎所有的酒店，只给客人准备两瓶水。我是一个特别爱喝水的人，而那家酒店每次都会给我准备三瓶水，这让我特别感动。"大家听了也就哈哈一笑，不以为然。

说者无意，听者有心，另一位做酒店的朋友听到这个信息之后，回去马上把高管团队拉到一起开会，他对他们说："我们酒店多做一点点，就能够吸引更多的人入住。从明天开始，我们要在每个房间放 4 瓶水。"但结果是，在房间里放 4 瓶水并没有带来更大的客流量。

根据赫茨伯格的双因素理论，我们应该如何理解这件事呢？那家酒店的三瓶水之所以能够打动志勇，是因为保健因子是足够的，保健因子可能是比较好的服务和环境、舒服的床、很干净的卫生间、非常不错的性价比。在这些因子的基础上，三瓶水就起到了推动和催化作用。

我们把双因素理论放到企业场景里，结果也是一样的。

经常有人对我说："老张，你不要跟我扯那么多，只要告诉我一招，我就满足了，就是阿里巴巴到底做了什么才能让员工加班到很晚，不领加班费，还无怨无悔？"

这个问题，你问10个阿里人，他们给出的答案可能都不一样。有人会说是因为企业文化，也有人会告诉你是因为情怀，还有人会说是因为梦想，为了让天下没有难做的生意。

这些答案都对。这些答案的背后是什么？是保健因子，还是激励因子？其实都是激励因子。保健因子是什么？保健因子是阿里巴巴的高工资、很好的福利待遇和很好的办公环境。当不具备这些保健因子的时候，如果你只是学阿里巴巴的激励因子，那是远远无法有效激励员工的。

站在领导力的角度，我们要区分保健因子和激励因子之间的差别。如果缺乏保健因子作为基础，激励因子是不会产生巨大作用的。

有效激励的两个因素

那么问题来了，如果一个企业已经提供完备的保健因子，在此基础上，应该如何善用激励因子才最有效呢？

"激励"这个词中包含两个意思：激，激发；励，鼓励、奖励。但凡激励，一定有激发的成分，也有奖励的成分，二者缺一不可。

奖励不能停留在单一的给钱的层面上，这是一种初级的激励手段，毕竟加薪是有限度的，升职也是有限度的。在激励这件事上，不存在"一招鲜，吃遍天"的情况，用得多了，也就只能变成黔驴技穷了。

我先举两个例子。

案例一：有一年，阿里巴巴的年终分红除了奖金外，还增加了一个"特别红包"，这个"特别红包"将直接打入每个员工的支付宝账户。奖金多了，大家当然都很开心，第二年年终的时候，大家就十分期待"特别红包"，结果没有。马云说："不发红包的原因就是今年阿里巴巴并没有取得特别好的成绩，所以也就没有特别惊喜。"

案例二：小王早上一到公司，全部同事突然站起来给他鼓掌，HR推着一个蛋糕过来，恭喜他入职一周年，小王又惊讶又感动。然而，后来他发现在每个同事入职周年庆的时候，HR都采用一样的配方、一样的套路，次数多了不免就尴尬起来，甚至有些入职年头长的老同事会选择在周年庆这天出差，以此避免形式主义的尴尬。

通过这两个案例，我们至少能得出一个结论：激励因子是需要新鲜度的，每次都有，每个人都能预料到的东西就不是激励因子了。好的激励是在一种很不确定的环境中，找到员工内心的动机。这样的激励才会是一种可持续的，且成本低、效果好的手段。当然，这种激励实施起来也要比一成不变的激励方式困难许多。不过好在，在做好激励这件事上还是有章可循的。

要紧贴员工个人实际需求

在案例二中，小王在入职一周年的仪式上，无疑受到了很大鼓舞，那为什么好景不长呢？因为这样的激励手段变成了一成不变的常态，从感动到形式主义只需要经历数次枯燥无味的重复。人的动机不是一成不变的，它是随着人的成长和所处的环境而流动的，比如，关于为什么要加入这家公司：刚刚大学毕业的小明可能是因为需要一份在北京的工作；已经工作三年的小李则是期望可以学到更多东西，5 年后工资翻倍；对于已经工作 5 年的老张来说，他可能是看中了公司的贷款福利，想在北京买套房子；已经工作 8 年、有车有房的老徐，则更想找到一个可以施展拳脚、实现梦想的舞台。

很多管理者知道要了解员工的心灵扳机，这没错，但是有时候他们会忘记员工的需求是会发生变化的，能够引发激励的点自然也会跟着变化。

要能够创造惊喜的体验

阿里偶然出现的"特别红包"，新人小王第一次经历周年庆时的感动，都起到了很好的激励作用，原因是什么？就是这些行为都发生在当事人的预期之外，这种经历对他们来说是新鲜的。当这些激励行为发生时，当事人的反应无一例外的是惊喜。

但是当这些行为重复发生时，惊喜的体验就没有了，也就无法起到激励的作用。

总结一下，点燃个人梦想的两大因子，一是保健因子，二是激励因子：保健因子只会降低不满，只能升，不能降，而激励因子能提升满足感，激发高绩效。对于组织领导力而言，个人梦想的点燃是要在保健因子的基础上，创造激励因子。

善用八大平衡轮圈进行激励

如何找到个人最稀缺的那一点

朋友圈曾经流传过这么一段话：男生追女生，如果她涉世未深，你就带她阅尽人间繁华，若她心里沧桑，你就带她坐旋转木马；女生追男生，若他情窦初开，你就大胆示爱，如果他阅人无数，你就炉边灶台。

这段话说明，无论你面对的是什么样的客户，你要做的就是找到他体验最稀缺的那一点。其实，这个稀缺的点就是个体的激励因子。对于员工而言，这类因子既有普适性的，也有独特性的。

我们先来讲讲普适性的激励因子。比如，很多公司会在员工离职时做离职访谈。尽管大部分情况下公司得到的信息存在偏颇，但是企业管理者仍然可以从员工的离职时间等因素找出一些普遍原因，从而提升对于这些方面的管理。

举个例子，如果企业入职三个月内离职的员工比较多，那么问题可能出在 HR 在招聘时的沟通和期望值管理，可能在新员工入职培训及新员工融入方面有一些问题。如果入职一年内离职的员工比较多，那么很有可能是因为其上级主管无能。如果入职三年内离职的员工比较多，那很可能是因为企业的晋升通道不太清晰和明确。如果入职 5 年内的员工离职的比较多，那么很有可能是缺乏中长期激励。你会发现，处在不同状态的员工希望得到的东西是不一样的。

除了这类相对具有普遍性的个人激励因子外，每个员工都有其独特的稀缺点，我们可以通过什么方式来了解这些稀缺点呢？唯一的方法就是不断和员工沟通，只有通过交流，我们才能知道他们最稀缺的那个点。更何况还有很多员工不一定知道自己最想要的是什么，只有不断地和他们沟通和交流，他们才能更好地了解自己，知道自己最想获得的是什么。

八大平衡轮圈的应用

在本节，跟大家分享一个帮助管理者挖掘员工内在需求的工具，它的名字叫作八大平衡轮圈，源自一门应用心理学——神经语言程序学，简称 NLP。

你一定知道，在人生的不同阶段，需要平衡的东西是不一样的。在跟员工沟通时，我们可以先让他选出与他的人生幸福关联十分紧密的 8 个领域，可能是健康、幸福、爱情、家庭、朋友、事业、财富等，画一个圆，将其八等分，依次对应一个领域。然后让他给自己目前在这 8 个领域的状态打分（1~10 分）。打完分数后，我们就可以跟他进行一场教练式的对话，从中了解到他最想改善的是哪个部分。他最想改善的这个部分就是内驱力，也被称为"心灵扳机"，也就是产生激励因子的地方。

你可以这样问：

你看到这个圆圈，注意到了什么？还有呢？
你最想改变哪个领域？
你希望在这个领域得几分？
你做出什么改变就可以实现期望的目标？
你会如何制订行动计划？
你会在什么时候开始行动？
我可以如何支持你的行动？
……

在沟通过程中，我们千万不要认为分数低的领域就是他最想改变的领域。分数低的原因有很多，比如"爱情"只得了5分，可能是因为他刚毕业，想先把重心放在工作上。所以我们不要代替员工做决定，而是在进行教练式对话的过程中鼓励他自己做出判断。以前每年年初，我们都会跟员工做这样的沟通。

有人会说，哪怕我们了解了对方的需求，有时，我们也无法提供帮助，特别是一些个人问题。我举几个例子，也许可以给你一些启发。

曾经有一家企业，其物流部经理是一个女生，她特别想解决单身问题，但工作确实很忙，没有时间，也没有更多的机会接触异性。这个经理非常优秀，所以在年终大会上，CEO为她准备了一份特殊礼物——百合网一年的VIP（贵宾）会员。当CEO把这个礼物拿出来的时候，这个女生先是跟大家一样哄堂大笑，然后慢慢地开始哽咽，她说:"我没想到老板这么忙,还在考虑我单身的问题,比我爸爸妈妈还急。"

我曾经的团队中有一位同事,叫小勇。他来自农村,他特别爱他的父亲,特别想为他争光。所以有一次,我们在年底给他准备了一份小礼物,将他的照片做成一张巨幅海报寄到他家里,还在上面写上了"某某年度阿里巴巴金华区域最佳员工"。几天之后,我竟然接到了他父亲的电话,说很感谢我给他们寄了这份海报。他的父亲告诉我,他们家的一面墙上贴满了奖状,是小勇从幼儿园到高中得的,但小勇上大学之后,他就不清楚儿子在外面到底如何了。每次想儿子的时候,他就会看看这些奖状,扫一扫上面的灰尘。当他收到那张巨幅海报的时候,他真的非常高兴,感谢我们把他的儿子培养得那么好。老人家还告诉我,他已经给小勇打了电话,让他一定要好好干,不能辜负公司的期望。

这两个故事都是低投入、高激励的案例,都建立在对员工个人深入了解的基础上。如果你不了解你的员工,就永远无法找到他的激励因子。

什么是天堂?当一个人累的时候,你给他一张床,那就是天堂;当一个人渴的时候,你给他一瓶水,那就是天堂。但是如果反过来,一个人很渴,你却给他一块压缩饼干,可能对你来说,这块压缩饼干很宝贵,但对他来说却是一个噩梦。张爱玲曾经说过:"因为懂得,所以慈悲。"我们只有了解每一个员工的需求,才能真正激励他们。

沟通的技巧

沟通是需要技巧的，沟通技巧能够让沟通进行得很顺畅且有效。在这里，我分享三个谈话技巧。

营造谈话场，进入对方心理舒适区

人在轻松的环境中，言语和行为通常会比较自然，贴近真实，所以寻找一个合适的谈话场所很重要。我们还可以通过建立"亲和感"让对方卸下防备，比如在肢体动作、语音、语调和语速上尽量配合对方。

寻找共鸣点，跟对方同频共振

所谓心理共鸣，即运用心理学中的"共情"原则。举个例子，如果你的员工已婚且有孩子，你可以从孩子切入话题，在情感上让对方产生共鸣，让对方进入跟你同频的状态。

要注意，为了让对方产生共鸣，要尽量从小事开始，这样更容易找到共鸣点。当你们产生共鸣后，你就可以针对一些有挑战性的生活现状提出问题，比如："现在公司离你家那么远，你为什么还要每天在路上折腾这么长时间？你在公司做过的一件你认为最有价值的事是什么？你对他人最大的帮助是什么？请具体说说。"

这些问题的背后都有大量有价值的信息，但本质是找到那个让他两眼放光的事件和信念，并在这个基础上继续深挖。

真诚是沟通唯一的技巧

沟通的目的是了解对方的深层需求,所以在聊天的过程中,我们应该通过巧妙而自然的提问方式,引导对方主动吐露相关信息。三分问,七分听,在聊的过程中,了解他的人生态度和对工作的看法。这不仅需要我们具备敏锐的洞察力和沟通技巧,还需要让对方感受到你对他的尊重和真诚。

目标设定很关键

我们先来看一个案例。

专家通过选拔赛，从一所学校的500名学生中选出了最优秀的50人，之后又从教师中选出了5名最优秀的教师负责教育这些学生。6年后，这50名学生以优异的成绩毕业，那5名教师也成为当地特级教师，获得无数奖项。此时，专家公布了选拔赛的成绩，人们发现这50名学生并非排名前五十，而是随机抽取的，连那5位老师也是随机抽取的。

这些学生之所以以优异的成绩毕业，是因为心理暗示的作用。确实，这个故事包含了一个激励理论，即期望理论，是著名心理学家维克托·弗鲁姆提出的。他认为激发人们采取某项行动的动力，源于个人对行动结果的价值评价和预期达成的可能性，也就是说激励力量等于目标价值乘以期望值。

在上面这个故事里，老师和学生有一个共同目标，就是让学生都能取得优异的成绩，而期望值就是这些学生和老师认为实现这个目标的可能性。可以看到，目标的设定非常关键。如果目标太低，轻易就能完成，人们的动力会不足；如果目标太高，团队通过努力仍然无法完成，就会带来失望，进而降低动机。一个好的目标，需要人们向上跳一下才能够得着。这样既能给予团队足够的动力，又能让他们获得实现目标的满足感。

企业如何建立一个完整的目标体系

对于企业来说，不能只有一个目标，而需要建立一个目标体系，这一体系应该包含短期目标、中长期目标、长期目标和远期目标。这些目标其实都有对应的深层含义。

如果从时间维度来看，一个企业的目标可以分为4类：企业从生到死的目标，是使命；10年目标，是愿景；三五年的目标，是战略目标；1到12个月的目标，则是绩效目标。

个人的激励和团队的整体驱动是有差别的，因为不同的员工、不同的团队，对于同一个目标的价值判断是不一样的。一个完整的目标体系能够在不同层面激发团队，进而让团队产生最大的合力。我们在运用领导力的时候，既要让员工明确近期目标，也要让其明确远期目标，两者结合，以终为始，用最终想要达到的目标来定义当下的行动，这才是最关键的。

如何建立激励媒介

建立目标体系之后，就要思考如何提高团队目标期望值这个问题。期望值是一个很主观的判断，但也是最容易受外界影响而改变的。

要提高期望值，就涉及一个非常重要的因素——媒介。媒介是获得信任的载体，在前文选拔赛的故事里，试想一下，如果专家只是跟那些学生说他们是最优秀的，是最棒的，而没有给予他们一个获得信任的载体，那些学生肯定不会相信，心理暗示的效果也会大打折扣。通过选拔赛来公开地选择、肯定他们，能够大幅提升他们的期望值。

放到企业场景中，获得信任的媒介有什么呢？我认为主要有两个。

一个在外部，是客户和市场的反馈。我们必须建立与客户、市场沟通的渠道，以便及时传递消费者的反馈和市场认同的信息。

一个在内部，要让员工感觉到他们离目标越来越近，其中一件很重要的事情就是庆功。每当团队取得一定的成绩，如完成一个大项目时，我们就需要为胜利庆祝，以更好地激发团队的士气和潜能。通用电气前总裁杰克·韦尔奇认为，八大领导原则中很重要的一条就是学会庆功。

如何评估目标价值

设立目标体系之后还会涉及一个问题，就是对目标完成情况进行评估。一个完整的评估体系应该包含三部分：一是绩效考核；二是绩效面谈；三是目标调整。这是一个长期的、动态的工作。

绩效考核和绩效面谈

关于绩效考核，就不展开讲了，因为很多公司都在做。我想说明一点，即很多公司都忽视了绩效面谈这个非常重要的工作。绩效考核针对的是过去的业绩，而绩效面谈的重点是基于过去的业绩，立足于未来的业绩目标，规划下一步的行动。相比个人面谈，团队面谈需要特别注意以下三点。

员工考核

不少企业现在都实行"271考评体制"，即把团队人员按照2∶7∶1的比例评定绩效，20%是A类绩效，70%是B类绩效，10%为C类绩效。根据这个绩效评定结果决定成员的绩效奖金或者晋升、辞退。

要注意的是，明确了2∶7∶1的比例之后，管理者需要进一步评述："2"的员工哪里优秀？是否表扬过他或者是否与其沟通过？他清不清楚？有没有将其树立为团队标杆？"7"的员工知不知道自己需要提升哪些能力？他们对应的优势是什么？对于"1"的员工如何进行整改？具体的辅导计划是什么？

所有问题都是让管理者重视人，回顾的过程是固化下属价值观、管理语言和行为的最佳时机，既要循循善诱，也要当头棒喝，丑话说在前面。

团队建设

团队建设分为三个方面：思想团建，生活团建，目标团建。这三个方面相辅相成，缺一不可。

梯队建设

管理者要经常自问："招聘了谁？培养了谁？辞退了谁？"这会让管理者非常清楚地认知到自己是人力资源的负责人。

目标调整

通常情况下，只要一个企业的目标体系中的业务模式、经营方式没发生大的变动，企业的使命基本不会变化。另外，愿景、战略目标需要定期回顾，然后根据情况决定是否调整。

愿景一般是公司十年的目标，所以每三五年，就要回顾一下愿景。

战略目标虽然是企业三到五年的目标，但是每一年，企业都必须做战略目标规划和战略目标分解，并确定关键任务。比如，2019 年底，要确定未来三年，即 2020—2022 年的目标。到 2020 年底，又要确定 2021—2023 年的目标。战略目标不是三年结束，再定一个新目标，而是每一年都要回顾，因为战略目标的所有计划都是为了应对变化。

很多行业，比如互联网零售行业的变化速度非常快，但变化快绝对不应是我们不做计划的理由。相反，越是变化快的行业，越是变化大的赛道，我们越需要每年扎扎实实地花时间制订计划。只有这样，我们捕捉和判断外界变化的能力才会更加精准。

让企业使命关联个人使命

运用"黄金圈法则"销售梦想

当确定了企业的使命和愿景之后,我们就要把这些使命和愿景"销售"给我们的团队,也就是贩卖梦想。有时候销售梦想的能力,决定了我们的团队实现梦想的能力。

演说家西蒙·斯涅克曾经在 TED 做过一场演讲,叫《伟大领袖如何激励行动》,是被观看次数最多的 TED 演讲之一。西蒙研究了很多全球卓越领袖做过的精彩演讲,发现了其中的一些共性,并据此提出"黄金圈法则","黄金圈"由内向外依次是,Why——为什么要这么做;How——怎么做;What——是什么。

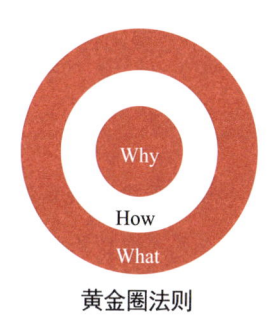

黄金圈法则

大多数人的思考、行为和沟通方式都是由外向内的，也就是What—How—Why，而激励型的领袖恰恰相反，他们的思考、行为和沟通都是从内部的"为什么"开始的。

从生物学的角度看，你会发现，"黄金圈"的三个部分和大脑的三个组成部分正好相匹配。外部的大脑皮层对应的是"What"，负责理性、逻辑思考以及语言功能。左脑和右脑对应"How"和"Why"，负责情感、行为和决策。

如果我们由外向内进行交流，人们一般会接收很多复杂的信息，比如特征、优点、图表、事实，这些信息并不能让人们下决心去做某件事。

如果我们由内向外展开，从"Why"入手，直接与控制行为决策的那一部分大脑对话，就会理性地思考自己所说的话，做出发自内心的决定。

西蒙强调："团队的目标不是雇用那些需要一份工作的人，而是雇用那些和你有共同信念的人。"因为那些需要一份工作的人只会为了工资而工作，而和你有共同信念的人肯为你付出心血和汗水。

作为一个领导者，首先要明确为什么要做正在做的事，然后把这个信念传递给他人。

举两个例子，第一个例子是美国传奇将军巴顿在二战前的启动演讲。

弟兄们，最近有些小道消息，说我们美国人对这次战争想置身事外，缺乏斗志。那全是一堆臭狗屎！美国人从来就喜欢打仗。真正的美国人喜欢战场上的刀光剑影。你们今天在这里，有三个原因：第一，你们来这儿，是为了保卫家乡和亲人；第二，你们来这儿，是为了荣誉，因为你们此时不想在其他任何地方；第三，你们来这儿，是因为你们是真正的男子汉，真正的男子汉都喜欢打仗。当今天在座的各位还都是孩子的时候，大家就崇拜弹球冠军、短跑健将、拳击好手和职业球员。美国人热爱胜利者。美国人对失败者从不宽恕。美国人蔑视懦夫。美国人既然参赛，就要赢。我对那种输了还笑的人嗤之以鼻。正因为如此，美国人迄今尚未输过，将来也不会输。一个真正的美国人，连对失败的念头，都会恨之入骨。

从演讲中可以看到，巴顿首先讲了美国要参与世界大战的三个原因。

第一，保卫家乡和亲人。第二，荣誉。第三，真正的男子汉都喜欢打仗。这三个原因都是与个人直接相关的。之后他又拔高到国家层面，说明作为一个美国人为什么要打仗，层层递进，用信念把士兵凝聚在一起。

我在带团队的过程中也发现，想要更好地激励团队，除了要应用"Why"的力量，更重要的是，将"Why"的力量和个人挂钩，激发员工个人的兴趣点。不能只是站在公司的角度告诉他们，公司为什么要这么做，公司想要什么。

第二个例子是我的一次实战经历。有一次，义乌一个网商会的会长问我："老张，你的这套方法除了对阿里有用，对别的企业也有用吗？能不能试着带我们打一场仗？"

于是我们就策划了一场义乌外贸企业的"百团大战"，有80家企业参与，进行为期 45 天的业绩 PK。

我用阿里的实践工具设计了整个活动，包括如何动员和激励，如何定目标、定过程，如何获取成果，如何庆功等，所有流程都复制自阿里。

在动员大会上，我面对 800 人做了一场即兴演讲。我首先运用"Why"的力量启发团队，激励大家：为我们依然年轻、怒放的生命而战，为了找回自己久违的梦想和激情而战，为家人而战，为团队、为兄弟姐妹而战。其次，激励具体的个体，让他们意识到这件事与他们每个人息息相关，即找到他们个人的兴趣点，进一步激发他们的斗志。

结果，动员会上，在场的企业都立下了军令状，目标是达成历史业绩的 3.5 倍。虽然最终没有达到这个目标，但实现了 2.5 倍的增长，也是非常不错的成绩了。

根据黄金圈法则，从"Why"出发，将目标与群体认同的价值观相关联，可以让激励更加深入人心。

延伸阅读　义乌外贸企业百团大战演讲

大战一触即发,红蓝军团的将士们,你们准备好了吗?

红军所有的将士们,你们准备好了吗?

蓝军所有的将士们,你们的声音在哪里?

我叫欧德张,"old"是"老"的意思。今天,在这里看到这么多鲜活和年轻的生命,我很高兴。

来,承认年龄比我年轻的人请举手。

来,承认心态比我年轻的人请举手。

很明显,有些人不太自信。有些人看着年轻,但他的心已经老了。

就像臧克家说的,有的人活着,他已经死了。

刚才进来的时候,有个人问我:"你能不能告诉我,今天为什么要打这场大战?"

我说:"你连这都不明白,那你进来干什么呢?"

他说:"听说有人要打败我们,那怎么行,我们不能输,所以我就来了。来了之后,发现大家很嗨,所以我也很嗨,但我到现在也没弄明白为什么。"

我说:"这就对了!"

如果没有一点盲目,没有一点嚣张,没有一点疯狂,那要年轻干什么?

所以这一战,就为我们依然年轻、怒放的生命而战,好不好?

对于这样的一场活动,永远会有人只是看热闹,但也一定会有人找到机会，找到可以让自己蜕变和成长的机会。

有人说，每年的清明节，都应该祭奠一下自己的过往：

祭奠一下小学，那里埋葬着你的童年；

祭奠一下中学，那里埋葬着你的初恋；

祭奠一下大学，那里埋葬着你的青春和梦想。

如果梦想，只是一瞬间绽放，之后，只在祭奠中使用，那么梦想还有什么意义？

如果激情，只是青春时的一种激素，只在多年后痛苦时才知道自己有过，那么激情又有什么意义？

所以这一战，我们为了找回自己久违的梦想和激情而战，好不好？

我想问问在座的各位，有多少人不是义乌本地人？

我们每个人来到这里，都承载着家人、父母对我们的期望和嘱托。

一年过去，两年过去，我们是否依然清晰记得家乡的那份浓浓的爱。

义乌并不是一个适合安逸生活的地方，而是一个奋斗拼搏的战场。

马上就要过年了，看看你们的银行存款，想想你们付出了怎样的努力。

你将拿什么样的奋斗成果和父母分享？

所以这一战，我们为家人而战，有没有信心？

来，找到你公司的这些战友，紧紧地握住这些人的手。

看着这些和你一样年轻的生命，看着他们坚定的眼神。

或许你们一起来到义乌，或许你们曾经睡上下铺，
也或许你们曾吵过架，拌过嘴，
但今天，这一切都不重要了。
接下来，你们要同心协力，共同面对一场战斗，
在战场上，能够帮你挡子弹的那个人，就叫作兄弟。
来，看着他们的眼睛，
和我一起大声地叫一句"兄弟"。
这一战，我们为团队、为兄弟姐妹而战，好不好？
为年轻的生命，为梦想和激情，为家人，为团队，为兄弟，
这场大战，我们豁出去了。
奋战到老天爷相助的那一刻，有没有信心？

第三章

搭系统：如何充分运用组织中的隐形动力

团队和组织中存在一股特别的系统力量，认识它，了解它，利用它，能让你在管理中更自如、更清醒。

请注意，这里的搭系统，不是搭建系统，而是搭上系统。什么意思呢？简单地讲就是，明确如何借助系统自然的运作法则，更好地实施管理行为。

俗话说，新官上任三把火。试想，如果你是这个新官，你会不会烧这三把火呢？我想即便企业里没有这种规定，绝大多数新上任者也会选择烧这三把火，对吧？

再比如，如果一家企业没有定义以客户为中心，那么大家会以谁为中心？也许很多人都会想以老板为中心，对不对？之所以出现这个现象，是因为很多事情即便在没有被定义的时候，也有一个自然的倾向性，这就是一种自然的系统常态。

在团队和组织中，有一股特别的力量在引导个体和部门，让他们不是走向目标，就是走上岔路，这股力量就叫作系统良知。

这里要特别说明，系统良知与道德无关，是一种个体和个体之间形成的无意识认知。这种无意识认知会影响个体和组织的发展。

例如，当管理行为符合系统认知的方向时，团队会趋于平衡、和谐。相反，如果管理行为不符合系统认知的方向，系统将自我修正，团队将出现失衡、冲突、矛盾，持续恶化的话甚至有毁灭的风险。放到企业中，系统良知可以说是企业中的隐形动力。

系统良知的运作法则

系统良知理论由德国心理治疗师伯特·海灵格提出，最初被他应用于做家庭系统问题诊断。之后，另一位德国心理学家克劳斯·霍恩将这一理论的应用延伸到商业领域。霍恩认为，公司、企业、组织也是有生命、有灵性的系统。和家庭系统一样，组织中同样存在隐藏的系统法则，只是组织系统法则更加注重序位。

由此，霍恩总结出六条系统良知的运作法则，分别是：

·必须承认事实原貌；

·施与受的平衡；

·人人都有归属的权利；

·先到者位阶优先于后到者；

·拥有行使职权者优先；

·整体承担较大风险的人优先。

这些是组织系统正常运作时的规则，只有了解并顺应这些法则，组织才能更好地发展。因为这些法则是隐形的，组织里的人常常意识不到它们的存在。只有当它们被打破的时候，人们才会意识到问题。就像只有发生病痛，人们才会发现身体的生物法则被打破，才会注意相关问题。

下面我具体解释一下这六条法则。

必须承认事实原貌

事实是无法被否认的，在采取行动之前，组织系统里的所有成员必须先承认事实。虽然就理智而言，说出别人知道的事实似乎没有太大意义，但是一旦说出来，效果会比想象的还要强大。

我曾经做过这样一个案例：有一家公司因为业务调整，把12 000人裁到只剩2 000人，如何保持这2 000人的稳定和士气，就成了一件非常紧急的事。

接到这个任务后，我就开始思考要对剩下的这2 000人讲什么。我知道那个时候他们的情绪非常糟糕、迷茫和委屈。例如，原本是大区经理，现在变成了区域经理，这种落差当然让人难受。

这时候我想到了这句话：必须承认事实原貌。我发现，如果跟他们讲未来，我自己都没有感觉，太虚了，他们更不会有感觉，所以我决定跟他们讲事实。

到了现场，我的第一句话就是："请问大家，有多少人在变化中备感委屈？有多少人在迷茫中无力吐槽？有多少人想过离开这家公司？有多少人正准备离开这家公司？"

我接着说："真正让你成为英雄的，是那些至暗时刻的坚守。我代表公司，无论你接下来会做什么决定，都感谢各位的坚守，感谢各位英雄。"

我看到好几个人对我点头。他们可能在想："本来打算参加完最后一次会就走了，没想到当这些事实被人说出来时，反而觉得很爽。终于有人说出我们的感受了，终于有人懂我们的委屈了，终于有人和我们有共鸣了。"一下子，我和他们的距离就拉近了，之后我讲什么，他们也更能听进去。

试想，如果一直没有管理层的人来跟他们公开地谈论这些事情，这些委屈就会一直在他们的心里积累、放大，他们的心也会离公司越来越远，直到最后爆发走人。

系统里所有的成员都必须承认并尊重事物的原貌。承认事物的原貌，相信事实的力量，这是采取下一步行动的基础。

要坚信一句话：只有事实听上去才像事实。

施与受的平衡

在企业中，不可以让员工一味付出，而不给予其相应的回报，付出和回报的平衡是系统的运作法则，如果持续失衡，就会引发风险。

举个例子，在企业里，你给一个对公司没有很大贡献的人发放高薪，就是对做出很大贡献的人的惩罚；你纵容一个不遵守制度的人，就是对遵守制度的人的惩罚；你对一个懒惰的人睁一只眼闭一只眼，就是对勤奋者的惩罚。

林子大了什么鸟都有，如果你不做一些调整，久而久之，留下的都是坏鸟，好鸟都飞走了，整个林子就被破坏了。因此，施与受的平衡是一件非常重要的事情，在企业中，没有单方面的施，也没有单方面的受。

企业是什么？企业是一个极度现实主义和极度理想主义的结合体。只有理想主义，企业活不下去；只有现实主义，企业没有未来。所以理想和现实一定要兼容，即施与受要平衡。站在管理者的角度看，你给员工的薪酬越多，就可以要求他们付出更多；站在员工的角度看，老板给的薪酬越多，就越要多付出。

不仅仅是个人和企业如此，部门与企业也是如此。我在做培训的时候，经常有学员抱怨，说他的企业里两极分化特别严重，有的部门闲得要死，而他的部门却忙得要死，可大家的收入都差不多，所以他的下属意见很大，他也很是为此苦恼。

在企业里，施与受不平衡，就很容易引发矛盾，从而影响个人的士气和团队的氛围。

人人都有归属的权利

归属权本身是没有时效的，特别是个体对组织的归属。对于企业来说，不管是创始人，还是新员工，甚至离职的员工都拥有归属权。

其实，在企业的经营过程中，每个人都是过客。作为一个过客，要想让这段经历变得精彩，方法之一就是先确定自己会在什么时间离开这家公司。

我进阿里时就很明确，待满5年就走，所以我在拿到"五年陈"戒指的第三天就办了离职。因为我一开始就给自己设定了时间，因此很珍惜这五年的每一天，从而尽己所能创造更多的价值。

现在有很多企业开始注重关怀离职员工。有人说，关怀离职员工的目的就是使用员工的"私域流量"。我觉得这种做法有一定的道理，当然，我们不要那么功利地做这件事。

2018年，阿里和腾讯都召开了离职员工大会。在阿里的离职员工大会上，马云说："2019年，我也会成为你们中的一员。既然你们出去了，就不要急着回来，在外面好好看看。"马化腾特别有意思，他对离职员工说了几句非常诚恳的话："现在外面的创业环境很艰难，融资也没那么容易，所以欢迎大家回来继续工作，好马才吃回头草。"

可以看到，虽然两位创始人性格不同，但是能感受到他们对于分离这件事情的豁达。

员工离开并不意味着背叛，善待离职员工能够加强在职员工对企业的认同度和忠诚度。如果企业领导者不愿意面对分离，说明他们还没有长大和成熟。就像《奈飞文化手册》中所说："离开时要好好说再见。"

先到者位阶优先于后到者

先到者位阶优先于后到者，意思是要尊重原有的系统动力。

我曾经参加过一个员工大会，当董事长入场后，他邀请前三排的员工全部站起来，他说前三排的人都是在公司待了10年以上的员工，无论他们今天职位如何，都是这家企业的开创者，他们应该得到所有人的掌声。

新员工听了这样的话，就会对老员工多一份尊敬，对这种组织文化也会多一份尊敬，进而对企业系统产生敬畏之心。

老员工在系统中得到尊重和关心，新员工也更容易得到老员工的信任和支持。这种尊重和影响是相互的。

在企业里，普遍存在"空降兵"落地难的问题。因为很多"空降兵"一进入企业，就特别想展示一下自己的价值：我很优秀，我很强，我就是来解决问题的。

但在这种心态作用下，他的管理行为就很容易变形，也极易否定公司以往的成绩和文化体系，进入自嗨式管理模式。面对这种一上任就把之前团队的成果和努力推翻的新领导，老员工肯定不愿意支持他，最终的结果很可能就是"空降兵"孤掌难鸣。

在阿里，"空降兵"初来乍到，是被严禁新官上任三把火的，甚至允许他在三个月内不出任何成绩。这样就让他有更充裕的时间更好地了解团队成员，搞好人际关系，学习企业文化，理清企业目标等，发现原有系统的价值，进而尊重创造了这些价值的老员工。只有在得到老员工的信任和支持的基础上，"空降兵"才能更好地开展工作。

拥有行使职权者优先

在工作系统中，会有好几个层面的优先权同时存在，它们会相互依赖，只有全面平衡这些优先权，才能达到和谐的状态。

假如你是一个"空降兵"，也就是说你拥有权力，但也是一位新员工，面对这个身份，你该做些什么？我认为，最高效的途径就是跟老员工携手前行。如果发生冲突，先到者和职权者这两个系统之间难免产生冲突。

这里有个有趣的问题，我希望你可以设身处地地思考一下，如果是你，你会怎么办。

如果你的一个下属的下属过来跟你说："我的上级是一个浑蛋。老大，你要么换掉他，要么换掉我。"你很清楚，眼前的这个下属的下属很有能力。这个时候你会怎么办？

思考一下你会发现，其实他挑战的不是他的上级，而是你的权威体系，甚至是整个公司的权威体系。于是，你不能站在点的角度来看待这件事情，而应该站在公司全局进行考虑。

如果是我，为了保持权威体系，我会跟他说："如果你让我这样选择，那么请你首先选择离开公司。作为领导者，我不允许下属毫无理由地挑战上级权威甚至公司权威！"

如果这个下属的下属反映的是具体问题，我们当然可以沟通、交流，但是我们永远不能允许下属的下属挑战上级的权威。这是对权力体系的一种挑衅。

如果任何一个员工都可以无视和挑衅领导与公司权威，那么对于一个公司而言，这是非常可怕的事情。

整体承担较大风险的人优先

你可能听过一些互联网企业的团队成员热情奔放，他们将团队里所有成员的价值平等和权力完全平等混为一谈，因为"我们"的感觉如此美好，所以团队试图让阶级结构变得平等。结果团队里高低不分，拥有行使职权能力与责任的人优先的系统原则就会被扔到一边。"假平等"的意识形态就会在这种气氛下蔓延:"我们一起工作,人人权利平等。我们都同样重要。在讨论和做决策时,应聆听每个人的意见。"在极端的情况下,临时雇员、实习生和必须承担责任的有经验人士的建议会有同等的分量。

就算在团队中,也不是人人平等的。就系统而言,在人际系统、整体里承担较大风险的人有较大的分量,他说的话比较重要。那么,应如何摆脱这种困境呢?问一个简单的问题就可以厘清这个情况:"谁要为整个团队的成员负责,并且出于这个责任采取行动呢?"那些为整体利益行动、随时为整体付出的人,才能设定领导架构,其他人只是团队成员。

换句话说,老板必须是老板,负起领导的责任。

以上就是本节的要点,即组织中的六大系统良知。我们一起回顾一下。

第一,必须承认事实原貌。只有事实听上去才是事实,无论好与坏,甚至有时哪怕是坏事,你说出来,对组织也会有一种激励作用。

第二,施与受的平衡。你要求员工什么,就要相应给予他们什么。如果员工认为他在企业中持续贬值,就会选择离开;如果员工认为他在企业中持续增值,就会心怀感恩并不断付出。相应地,企业也应该给他们更高的薪水。这就是施与受的平衡。

第三,人人都有归属的权利。无论是刚入职的员工,还是已经在公司工作很久的员工,甚至离职、被辞退的员工,都有归属的权利。尊重每一个人的归属权,他们来的时候,热情欢迎,离开的时候说再见。

第四,先到者位阶优于后到者。作为"空降兵",必须尊重原有的系统动力和老员工，这样才能让你的工作踏实落地执行，不然会遇到很大的阻力。

第五，拥有行使职权者优先。领导者代表了整个组织的权威体系和汇报体系，一旦领导体系失去权威，整个系统就会紊乱。

第六，整体承担较大风险的人优先。领导者所拥有的权力对应的职责必须和组织架构的设计保持一致，要让系统中的人明白这一点。

运用系统动力进行管理

在本节，我想告诉你如何运用系统动力进行管理。我将把完全真实的案例，通过"管理论坛"的形式呈现给大家。管理论坛最大的价值就是通过案例统一管理语言、认知及决策。所有管理决策都体现了企业的价值观，本质上就是通过管理论坛的形式巩固企业关键人员的价值观。

我们先来看一个案例。

虽然路飞刚进公司 10 个月，但表现突出，已经是团队中的业务骨干。因为其所在"骄阳战队"的主管晋升到其他部门，路飞被提拔为本团队的主管。"骄阳战队"是本地排名第一的团队，也是一支老牌劲旅，获得过很多荣誉。团队里除了路飞，还有其他 6 名进公司半年到五年不等的员工。

刚上任，路飞就要面对好几个棘手的问题。

问题一：业务骨干孙三，"五年陈"，因触碰公司高压线被开除，路飞刚上任，孙三就要离开团队，面对孙三本人和团队其他员工，路飞应该如何减轻这件事对团队的冲击？

我们先来看看已经存在的事实。

第一，孙三触碰了公司高压线，所以他面对的就是被辞退。

第二，孙三是"骄阳战队"的重要成员，对公司贡献很大，是一个业务骨干。

第三，孙三在公司待了五年，和大家有很深的情感。

如果你是路飞，要怎么讲述这些事实才能安抚孙三和其他团队成员的情绪？

对于这个问题，需要分两种情况讨论。

如果是和同事提及这件事，就要按照法、理、情的逻辑说出事实。不只是偏向法的部分，也不只是偏向情的部分，这样大家听起来会舒服很多。当然更重要的是，必须尊重事实原貌，把事实讲出来。

如果要辞退孙三，在跟他沟通的时候，顺序就要反过来——情、理、法。

先跟他谈情："你什么时候加入公司的？加入公司的时候，团队有多少人？当年给你留下深刻印象的事情是什么？"

先唤起共情，再讲道理："你真不该这样做，作为团队的老员工，你对公司贡献那么大，你是'五年陈'，竟还犯这么低级的错误。"

最后再说公司的决定："你应该为你做的事付出代价，所以请你离开公司，解除合同并签订协议书。作为老员工，离开之后，如果你的家庭有困难，如果你需要帮助，公司还是会尽可能帮助你的。"

一对多，法、理、情；一对一，情、理、法。这是阿里这么多年积累下来的实践经验总结。

注意，把顺序反过来就错了。

如果一对多，情、理、法，其他员工会对孙三的离开感到更惋惜，甚至会忽视孙三触碰公司高压线这个错误，这就等于给日后的企业管理留下隐患。

如果一对一，法、理、情，则会让孙三觉得公司太无情，日后离开公司也不会对公司有过高的评价。阿里在实践中总结的最佳处理方式值得企业参考和借鉴。

问题二：团队里还有两个业务骨干，一个叫赵龙，是路飞刚进公司时的师父，业绩很好，和路飞的关系一直不错。但是路飞升为主管后，两个人的关系开始微妙起来。还有一个叫吴天，"五年陈"，在团队员工中颇有影响力，也是曾经的主管候选人之一。路飞应该如何处理他们三人之间的关系？

遇到这种情况，路飞首先必须意识到并不是每个人都会为他的升迁感到高兴，比如吴天，他本来有晋升的机会，现在却破灭了。赵龙作为路飞的师傅，也很可能不开心，因为徒弟变成了上级。

我知道一些管理者会对下属说："大家都是兄弟，不用分那么清楚，什么主管不主管的。"

很多人哪怕当了很久的管理者也从来不敢承认自己对下属说过这种话。你知道这叫什么吗？这叫作资格感不够，所以才会说这种话。请问你是不是主管？如果你确认自己是主管，就要尊重事实原貌并找到资格感。

面对这个局面，路飞应该立刻公开应对这一改变，告诉团队成员，他很希望赢得他们的尊重。

他可以这样说："从今天开始我就是'骄阳战队'最特殊的一员了，成为主管。我认为做管理很重要的工作就是给大家赋能，所以我会尽我所能，为大家做好服务。"

简短有力，告诉大家，他已成为"骄阳战队"的主管。

然后他应找到那些可能因为他的升迁而不太开心的人，进行一对一的沟通、交流。比如，路飞可以和以前的同级同事私下进行沟通，消除紧张气氛，倾听以前同级同事的心声，给他们一些时间适应他从平级变为上级的事实。

由路飞的案例可以看出，面对升迁造成的紧张氛围，拥有职权者应该先迈出一步，主动找团队成员沟通，化解矛盾。这是很重要的。而且要给他们一些时间适应新情况，要了解每个团队成员的兴趣和动机，找到他们的心灵扳机。

而且，先到者位阶优先于后到者。在这个案例中，谁是先到者？老员工有哪些？很明显，是吴天和赵龙，他们是老员工。作为对老员工的尊重，路飞应该花更多的时间先跟他俩沟通。

尊重老员工就是尊重原有的成功，尊重原有的成功就是承认企业原有文化的价值和力量。只有承认原有文化的价值和力量，你才能更好地接纳和融入这个系统，获得更多的支持，进而更好地开展工作。

问题三：团队成员对原来的主管十分信任，经常一有事情还是找前任领导商量，对于这种情况路飞应该怎么处理？

根据先到者位阶优先于后到者的原则，如果员工尊重和信任前任领导，作为后来者的你可以多与前任领导通过电话虚心沟通、求教，或者把他邀请回来开一个欢送会。当你接手一个新团队的时候，前三个月，你的大部分下属出于对前任领导的信任和工作习惯，工作遇到问题还是会习惯性地找前任领导沟通。如果你跟前任领导一直没有互动，那很多事情你就没法知情和把控，这就很危险。

如果你能和前任领导进行紧密且融洽的沟通，那么当你的下属碰到问题向他请教时，或者你犯了错，你的下属去找他吐槽时，他就会支持你，会说："路飞这个人还是不错的，你们支持他就是支持我。每个人刚做领导都会犯点错误，对吗？"

你会发现这会给你的管理工作带来很大的便利。这就是系统良知在发挥作用，使得整个系统的动力顺畅了，团队也会进入一种和谐状态。

所以，后到者要了解先到者位阶优先的原则，尊重前任领导，特别是作为新领导上任初期，有问题要多沟通。这样你不仅多了一个智囊，还多了一个同盟。

问题四：大部分人都有过讲公司坏话、抱怨老板的经历，路飞也不例外。可是他升为主管后，团队成员还是和过去一样，大家聚在一起时偶尔还会抱怨公司几句。这让路飞不知道如何是好，附和不是，反对也不是，哪怕不说只是听着也不对。他该怎么处理？

面对这个问题，我的建议是尽量保持自己的本色，不要过度改变自己的行为，要遵循"先跟后带"原则。

"先跟后带"，顾名思义就是先跟大家保持一样的观点，让大家认为你是自己人，然后再带，带领大家进行建设性的探讨。

你可以这样和同事说："对，我发现我也有这样的感受，我的意见跟大家的差不多，但怎么做更好，你们有什么看法和建议吗？"

这就是一个管理者要做的事情——从破坏者变为建设者。

你不能马上做建设者，否则大家会觉得你变了，而且变得很彻底，下一次就不会在你面前说那些话了，你也就听不到真实的声音和反馈了，这对你日后的管理会造成很大的挑战。所以，你要先做那个破坏者，和其他同事站在一条战线上，理解和体会他们的感受，之后在共情的基础上，以理服人，成为促进团队和谐发展的建设者。

问题五：除了吴天和赵龙两位业务骨干，团队里还有一个进公司半年的新人，一个"两年陈"员工，一个"三年陈"员工。路飞在第一次团队会议上宣布，他会对老员工和新员工一视同仁，几位老员工都不太开心。你有什么看法？

老员工、新员工在管理上一视同仁，你真的能做到吗？也许接下来的故事可以给你一点启示。

众所周知，著名的篮球"坏小子"罗德曼是球队的灵魂人物。有一次记者采访罗德曼的教练，问了这样一个问题："如果有一天你们要出去比赛，罗德曼迟到了，你等不等他？"对于教练来说，这是一个很难回答的问题，因为既要秉持原则，维护球队利益，也不能让主力罗德曼掉队。

聪明的教练反问记者："我们去的路途需要多长时间？"记者说："半个小时。"教练接着问："那离比赛开始还有多久？"记者回答："还有一个小时。"教练立刻回答："那绝对不等！半个小时路程，半个小时热身，个人利益必须服从球队利益，无论他是谁！"

紧接着，他又说了一句话，让现场的记者都哈哈大笑起来。他说："但我一定会派车去接罗德曼直接赶来赛场，谁叫他是罗德曼呢，这小子太棒了！"

你明白我的意思了吗？作为领导者，你需要在大是大非的、一些原则性的事情上一视同仁，但在很多事情上其实很难做到一视同仁，甚至也不需要一视同仁。

在管理过程中，我们会针对不同的场景、不同的人员采用不同的处理方式，所以对于新员工、老员工不需要一视同仁，因为这会让老员工很不舒服。

作为一个管理新手，路飞面对的问题还有很多，需要学习更多的领导力知识。

  领导力是一门需要不断学习和实践的课程，不论你是像路飞一样的新手，还是有一定经验的老手，了解组织系统的运作法则，搭上系统良知，可以让你的管理行为更高效。

应用"六个盒子"诊断组织

企业在从创业初期的几个人慢慢地发展成小团队,再进一步成为组织的过程中,除了我在前两节谈到的组织中的隐形动力外,你还需要学习一些更全面地看待组织的方法。

比如组织中的关系冲突,通常会有两种显性表现,一是人与人之间的冲突,二是结构化冲突,例如,市场部和销售部往往会有冲突,产品部门和技术部门也会有摩擦。在处理这类问题时,很多领导者很容易把结构化冲突归入个人冲突,从而会做出一些错误的管理行为。

领导力是让组织中尽可能多的人跟随你的能力,所以领导者需要用更全面的视角来看待一个组织。在这里,我向大家介绍一种对于提升个体领导力很有价值的工具,叫作"六个盒子"。

"六个盒子"的价值

在企业管理中,领导者很容易走入一个误区:头痛医头,脚痛医脚,根据结果寻找问题的解决方案。

比如,销售团队士气不高,就拼命做团建,打鸡血,但还是没有效果。问题很可能出在流程上，流程的不顺畅使得销售团队经常做很多无用功，浪费了很多精力，从而导致士气低落。这样的话，再多的团建、打鸡血也是无用功。

要更准确、全面地诊断组织中的问题，找到根本原因，就需要借助"六个盒子"。

"六个盒子"是一种帮你进行组织呈现和组织诊断的工具，它由美国的组织设计咨询师韦斯伯德提出，2010年被阿里巴巴引入国内。在阿里有这么一句土话："不论组织结构怎么变，'六个盒子'走一遍。"

"六个盒子"的主要价值在于，为企业、组织中的问题诊断提供全方位的视角。

一个组织如果出现问题，原因通常不止一个，你必须从不同的视角切入，才能够看清楚问题的本质所在，从而发现每个关联部分的内在关系。同时，HR、业务方都可以用一张"六个盒子"分析图去讨论、开展工作，沟通也因此变得更顺畅。

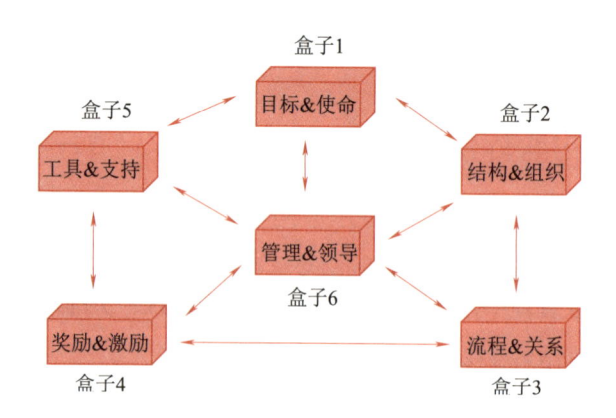

```
                    盒子1
                  目标&使命
   盒子5          ↗  ↕  ↘         盒子2
  工具&支持  ←→              ←→  结构&组织
      ↕          管理&领导          ↕
      ↕            盒子6            ↕
   盒子4          ↙  ↕  ↘         盒子3
  奖励&激励  ←→              ←→  流程&关系
```

在使用"六个盒子"时，你需要注意的是，"六个盒子"的顺序是不能打乱的。也就是说，我们在诊断一个组织时，一定要从目标和使命开始切入。

在诊断的时候，"六个盒子"要轮流诊断一遍，不能只看一部分。"六个盒子"是相互关联的，任何一个环节出现问题，都会影响其他环节，所以单维度是看不清问题的本质的。

你会发现，每一个盒子里对应的两个要素，刚好一个是"硬"的，一个是"软"的。"硬"是与管理力相关的，是具体的、理性的要素。"软"是与领导力相关的，是更感性的部分。

下面，我们就按照这一硬一软两个要素，分析一下"六个盒子"的原理。

第一个盒子：目标和使命。目标是一个个数字，是硬的；使命是为客户提供的价值和对公司未来发展方向的规划，是软的。

第二个盒子：结构和组织。结构是硬的，而组织就是让团队里的人通过某种方式在一起工作，是软的。

第三个盒子：流程和关系。流程是硬的，关系是软的。有些部门之间会永远存在冲突，比如销售部和市场部，一个要赚钱，一个要花钱，但是它们的关系也可以很融洽。

第四个盒子：奖励和激励。激励相对于奖励来说是比较软的，需要在不同的时间点来做。

第五个盒子：工具和支持。工具是硬的，支持是软的。

第六个盒子：管理和领导。管理是硬的，要有规划地让一支团队按照你需要的方式实现目标；领导是软的，要突破界限去创造不可能。比如打仗，排兵布阵是管理，领导则是要带领团队向前冲，打以少胜多的仗。

"六个盒子"不仅可以帮助各业务板块负责人和 HR 思考、发现问题，更重要的是，它提供了一个全局的视角，从组织发展的角度诊断问题的症结。

第一个到第五个盒子的问题，最后都要归因到第六个盒子——管理和领导，从而让企业去思考需要什么样的管理，需要什么样的领导，应该如何去提升。

以提问的方式诊断问题

要怎么使用"六个盒子"诊断组织呢？

不管你是一个创业者，还是企业的实际经营管理者，都可以在与业务领导或核心骨干进行一对一沟通的时候运用"六个盒子"思维，通过提问的方式了解组织的状况。想要了解员工的真实想法，提问技巧非常关键。比如，你想知道公司财务部的整个流程是否复杂，于是直接问员工财务部的流程是否复杂，他有可能告诉你一个答案，但这可能会有两个问题。

第一，复杂与否不是那么容易界定的。第二，会出现一些主观判断的结果。当你这么问员工的时候，他心里会有疑问："你为什么问我？是不是你要对财务部有一些动作？"如果是这样，他可能会因为想要顺从你而告诉你流程复杂，哪怕实际上并不复杂。他也可能会因为跟财务部的人关系好，而把明明复杂的流程说成不复杂。这样你得到的答案就没有什么意义。

其实，最好的提问方式不是直接问流程是否复杂，而是问："一次报销从填表格到最后拿到钱大概需要经过几道审批流程？一般需要多久才能拿到钱？"这两个问题对员工来说很好回答，没有任何负担，因为他只需要陈述事实。

总之，尽量提一些可以用事实陈述的客观问题，避免出现提问会让员工难堪或让他担心他的回答会不利于他人等情况。

拿第一个盒子（目标和使命）来说，你要了解三件事：明确性、一致性和认同度。

明确性是指企业的目标和使命是否足够明确，是不是公司里的每一个员工都知道。

一致性是指企业上下的目标和使命是否一致。

认同度就是员工对这个目标和使命是否理解、认同并执行。

作为领导者，你不能直接问员工是否认同企业的目标，因为很少会有员工说自己不认同。他会担心如果说不认同，老板会把自己开除。所以，你要问员工不会让他们为难的问题。

比如，你可以提问："我们团队的目标是什么？为什么是这个目标？这个目标是如何确定的？目标中最核心的指标是什么？为什么？"这样的问题是很容易回答的。而当你问过高管、中层干部和基层人员后，可能发现答案不一样，这时你就可能知道问题出在哪里了。

第二个盒子对应结构和组织，我们要了解两部分内容：第一，团队是如何分工协作的；第二，日常组织形式是什么样的。

我们可以这样提问："你们是怎么开周会和月会的？团队里的信息是如何共享的？当出现问题时，是如何解决的？我们的组织结构如何？我们的组织能够支持我们当前的业务吗？这样的结构在什么时候最容易出现问题？出现过哪些问题？"这些都是可以让员工通过举例来很好回答的问题。

通过多次提问，就可以从细节上了解结构和组织是否存在问题。

第三个盒子对应流程和关系，我们可以设计这样几个问题："我们的客户和利益相关方是谁？客户对我们的流程满意吗？出现过什么问题？基于此，我们的关键业务是什么？我们团队重要的合作关系（内部、外部）有哪些？这些合作关系现状如何？请以 1~10 分打分。"

我们设计了下面这样一个表格，让员工对部门与部门之间、个人与个人之间、个人与工作之间彼此依赖的程度、关系质量和冲突管理打分。如果员工打 8 分，那你就要问他，为什么打 8 分，从哪儿扣了两分。通过这样的工具将抽象的关系量化，以便更好地呈现组织的现状。

	工作需要彼此依赖的程度	关系质量	冲突管理
部门与部门之间			
个人与个人之间			
个人与工作之间			

第四个盒子对应奖励和激励，这关系到三个问题。

第一，如何激发员工的动力。

第二，员工的三个问题：（1）为何而做；（2）怎样做会被奖励；（3）怎样做会被惩罚。

第三，如何做到公平和团结。

你可以这样向员工提问："你认为你会因为做了什么而被奖励或惩罚，或是因为没做什么而被奖励或惩罚？我们的奖励与目标的关系是怎样的？是否有激励员工的工作是我们没有做的？你对管理者的感受如何？"通过问这些问题可以了解员工对公司现行的奖励和激励制度的知情度与满意度。

第五个盒子对应工具和支持，你要了解的内容是：如何体现客户价值输出的支持机制？现状如何？这也可以通过一些理性的问题来呈现。比如，你可以问："哪些机制被用来监督工作？效果如何？预算与风险控制起作用了吗？对于一些未曾预料到的事件，不管大小，它们是如何被处理的？"

每一个问题，都可以让员工举例说明，我们可以由此更详细地了解情况。

第六个盒子，也是最核心的一个，就是管理和领导。针对这个盒子，我们要诊断三个问题：第一，组织是否具有完整性；第二，我们是如何来处理虚拟组织的；第三，跨团队合作与本位主义的情况如何，即部门墙是怎么被打破的。

对应每一个问题，你需要这样提问：

第一个问题："我们的业务领导组成一个团队了吗？"很多企业都存在一个问题，就是有高管，但是没有高管团队，缺乏相应的决策机制，凡事都要等待最高领导来决定。

第二个问题："面向五个盒子，我们做得如何？"

第三个问题:"我们习惯关注什么?习惯忽略什么?"

通过这些问题全面思考前五个盒子存在的问题,确定根源是否在于管理和领导。

你会看到,"六个盒子"其实包罗万象。目标和使命考察的是战略、战略路径、核心抓手和衡量指标等,目标是指明方向,使众人行。结构和组织考察的是分工、职责,核心领导是否胜任,目标是排兵布阵、知人善任。

当你逐一对照分析"六个盒子",就会发现,组织就像人的身体,每个部分都相互关联和影响。对于领导者来说,最大的挑战就是找到六个盒子的内在关系,从而发现组织的关键症结。

运用"六个盒子"诊断案例

某公司因为业务调整,将线下业务和线上业务合并,成立了一个新部门,业务以线下为主,只保留少许线上业务。新部门负责人由原来线下业务的主管 A 担任,线上业务由主管 B 向 A 汇报。几个月后,又来了新的领导 C 管理这个新部门,C 同时还负责管理其他部门,A 需要向 C 汇报。

在年中会议上,HR 提问:"新部门到年底的目标是什么?"现场的三位领导居然没有人能给出答案。

这时,应用"六个盒子",你可以发现背后存在这样一些问题。

看(目标和使命):部门员工不知道自己干的事和大目标之间的关系是什么。

看(组织和架构):线上线下两个业务板块各自发展,员工之间没有建立联系。

看(流程和关系):线上的客户想要参加线下的活动,但是没有办法实现,因为线上线下没有打通。

看(奖励和激励):员工看不清自己和组织之间的关系,工作动力不足。

看(工具和支持):线下业务输出的课程不够产品化。

看（管理和领导）：A最关注的是赢利，他认为只有赢利了，公司才会认为他有价值。但是对于为什么要干这件事，即第一个盒子——目标和使命并没有很好地提出来，开会的时候经常直接跳过这部分内容。A作为领导都不重视，下面的员工当然也不会重视。

最后我们发现，不清楚目标和使命（第一个盒子）的问题根源在于管理和领导（第六个盒子）。

A的问题是，他没有意识到员工不仅仅会为了钱而奋斗，更会为了实现自己的价值而奋斗。当他对自己工作的价值没有很强的认同感时，他的驱动力就不会持久，因为钱的驱动作用有限。工作本身带来的价值感，能够更长久地驱动员工。

另外你会发现，线上线下两个业务板块的员工和客户之间之所以没有打通，是因为A和B的工作没有互通。

部门内部沟通之后进一步发现，原来B一直不太服气，他认为A不了解他的这块业务，所以有问题也不找A处理。而A则觉得B能自己搞定，也不愿意管。新的领导C来了之后，B一旦有问题，就会直接向C汇报。部门内部一片混乱，融合度不高。

了解了问题的根源之后，A比较通情达理，他觉得反正管不了B，于是申请下调一级，变成A和B两个人都向C汇报，这样问题就解决了。因为团队本身的业务是清晰的，组织文化也是被员工认同的，只是管理和领导有问题，导致整个团队不像一个团队，而是分工作业。把A下调一级，A和B共同向C汇报，由C统管，组织流程就顺畅了。

"六个盒子"是帮领导者进行组织呈现和组织诊断的工具，运用它，能够让业务领导和HR一起，以更全面的视角发现各环节存在的根本问题，进一步思考如何提升领导层的管理能力。

第四章

建团队：打造一个凝聚人心的组织

阿里巴巴团队强大的战斗力源自哪里？运用四大法则，帮助你打造一支凝聚人心的团队。

很多企业都很羡慕阿里巴巴团队强大的战斗力，想弄明白阿里巴巴是如何在管理中植入战争文化的，是如何通过PK的方式来推动团队业绩增长的。很多企业会去效仿，有的效果不错，也有的效果不理想，甚至有的在PK完之后，团队彻底崩溃了。

很多效仿阿里巴巴失败的企业把失败原因归结为文化土壤不同。我倒不这样认为，我认为真正意义上的PK是对团队的一次全方位的检验，而战斗力的强弱主要还是与平时团队凝聚力的打造和沉淀有关。

那么，如何打造一支凝聚人心的团队呢？有以下四大法则。

第一，适当挑战权威。为什么要挑战权威呢？其实是要寻找一个可以看到、可以感知，又具有挑战性的目标，而不只是确立一个个业绩目标数字。只有这样，才可以让团队凝聚在一起，为共同的明确目标而努力。

第二，随时随地制造胜利。胜利不是一蹴而就的，一场大的胜利往往是由无数小的胜利积累起来的，在这个过程中少不了对团队持续不断的鼓励。作为领导者，要懂得随时随地为团队制造胜利，从不同角度找到"赢"的机会，让团队一直活在"赢"的状态中。

第三，每个人都是领导中的领导。本质就是要发挥每个人在他擅长领域的领导者地位，并让其他人成为他在这个领域的跟随者，从而培养每个人的管理自信和领导他人的能力。

第四，团队互信，建立共识和共性的行为习惯。在阿里，"裸心会"是一种经常用到的方式，它能很好地促进团队成员了解彼此并互动。大家敞开心扉聊天，把心里最真实的想法在团队里表达出来，久而久之，就会建立一种共识和共性的行为习惯，形成团队文化，进而提升效率和战斗力。

挑战权威，树立假想敌

打造一支凝聚人心的团队的第一条法则是适当挑战权威。

为什么要挑战权威

为什么要挑战权威呢？回顾阿里的发展史，你会发现，阿里一直在挑战权威。早期阿里 B2B（商对商）挑战的是环球资源，淘宝挑战的是亿贝。等到淘宝成为中国最大的互联网零售平台，在线上没有对手之后，马云又在线下找到了竞争对手——全球最大的线下零售商沃尔玛。

每个企业都会定目标，但是这些目标很多时候只是数字，而员工对它们没有什么感觉。为什么没有感觉呢？因为目标往往是偏理性的。比如，你如果对员工说今年公司的销售额要做到 10 亿元，他们不会有多大感觉，因为 10 亿元就是一个数字。但是如果你说你们要超越隔壁的某某公司，他们就会更有感觉。

一家公司要想凝聚团队，不仅要有清晰的目标体系，如使命、愿景、战略目标和绩效目标，还要把这些目标转化为一个个假想敌。

这个假想敌可以是一个很难打败的对手，但必须具有权威性，而我们要做的就是挑战权威，树立自己的权威。这就是凝聚团队，提升团队战斗力的过程。

大家都知道，罗永浩有很多粉丝。他积累粉丝的过程，就是一个不断带领粉丝打败假想敌的过程。最开始，罗永浩想要打败的假想敌是新东方，于是他办了一家英语培训学校。他和方舟子之间的恩怨更是贯穿了他的创业史。他在做锤子手机时还跟小米竞争过。

所以罗永浩的成长经历，可以说就是一个带领自己的粉丝挑战一个个权威，由此吸引、凝聚更多粉丝的过程。

你会发现，在很多人的心里，都有挑战权威，甚至打倒权威的愿望。所以，当马云说出"如果银行不改变，我们就改变银行"这句话的时候，很多人听了是很开心的：对于围观者来说，是看热闹的开心；但是对于参与者来说，他会生出一种巨大的使命感，进而有更大的动力为达成这个目标努力。所以，适当挑战权威也是一种凝聚团队的好方式。

学会选择假想敌

那么，要怎么选择假想敌呢？我跟大家讲两个故事。

当年团购大战如火如荼的时候，有一次我去大众点评做培训。当时卷入团购大战的公司非常多，除了大众点评，还有美团、糯米网、拉手网、窝窝团等。美团排在第一名，而大众点评因为多年积累了海量的客户信息和分类信息，排在第二。

我去做培训的时候就问他们的学员："你们的竞争对手是谁？"我以为他们会把美团看作竞争对手，结果他们的答案让我很意外，他们说自己没有竞争对手。我就问："美团不是第一名吗？你们怎么会没有竞争对手？"他们回答说："我们看不起美团，他们在一线城市的市场没有我们好。"

我说："无数历史经验告诉我们，他们做完农村市场就会进军城市市场，农村包围城市，这是很简单的道理。"他们实在是说不过我，最后来了一句："不是你们马总说的吗，心中无敌才能无敌于天下。"

你知道什么时候才能说心中无敌吗？要等你经过无数次辉煌登顶，等到你把竞争对手全部打败以后，你才能说心中无敌。

后来有一次，我跟美团的几个朋友聊天，我问了他们同样的问题："你们的竞争对手是谁？"当时美团是第一名，他们当然不会把第二名当作竞争对手。他们是不是就没有竞争对手了呢？结果他们回答说："所有活着的团购公司都是我们的竞争对手，我们要让这个行业寸草不生。"

你发现没有？这两家公司在树立假想敌方面的做法完全不一样。但是你看看，团购行业现在是不是寸草不生了？这个模式销声匿迹了，大众点评也被美团收购了。

我不是说企业一定要有竞争对手才能做得好，但是做得好的企业一般都会给自己树立一个强大的假想敌。这是凝聚团队最好的方式之一。

还有一种情况是，有些公司会说竞争对手是自己。这句话听起来很有哲学意味，但在实际市面上真的没有竞争对手吗？肯定有。

曾担任阿里巴巴副总裁的卫哲说过这样一句话："所有跟你进行人

才竞争的都是你的竞争对手，不仅仅是产品。"我觉得这句话很有道理。

当企业发展到一定程度，作为企业管理者，不仅要关注争夺客户这种显性竞争，还要关注那些隐性竞争，如组织和人才方面的竞争。

当年淘宝做到线上零售第一之后，马云又把目光转到线下，把沃尔玛作为竞争对手。瓜子二手车打败人人车，成为线上C2C（个人对个人）二手车市场第一之后，也把目光转到线下，开设了线下店。因为从整个二手车市场来说，瓜子占的市场份额还很小，它想要占领更大的市场。所以，假想敌的选择不能局限于细分行业，可以着眼于更广阔的市场。竞争对手永远存在。

我很鼓励每一个企业都努力寻找自己的竞争对手，把权威看作一个目标，就像乔布斯当年挑战微软、支付宝挑战传统银行业一样。

因为挑战权威不仅仅是一种行为，更是一种思想、一种态度，不人云亦云，永远保持独立思辨，这是很重要的事情。做企业、带团队，都要适当挑战权威。不仅要挑战权威，还要懂得给自己找到一个竞争对手，哪怕你已经做到行业领先，也需要找到一个假想敌，时刻保持一种危机感和竞争意识，因为没有人敢说自己永远不败。

随时随地制造胜利

打造一支凝聚人心的团队的第二条法则是随时随地制造胜利。

真正的领导力应该永远让员工活在一种"赢"的状态中，小胜可以有小胜的庆功方式和表达方式，大胜有大胜的庆功方式和表达方式，领导者应该为员工随时随地制造胜利。因为胜利带来的成就感是最好的动力来源，所以激励团队最好的方法，就是从一个胜利走向另一个胜利。

这就涉及两件事情：一是怎样定义和诠释成功；二是怎么让胜利被看见。

怎样诠释和定义成功

胜利从来不是一蹴而就的，一场真正的大胜利是由无数小胜利积累起来的。

我在前文说过，阿里巴巴在创立初期，正碰上互联网寒冬，很多企业很难赚到钱，但马云每年都会提出一些看似完不成的业绩目标，从年度赚1块钱到每天营业额100万元，到每天利润100万元，再到每天纳税 100 万元，目标不断提高。每年当他提出目标的时候，都有很多员工不相信能够完成。但是最终，这些看似不可能的目标都一个个被完成了。

随着阿里巴巴不断壮大，不管马云说什么，员工都会相信。这就意味着，马云说什么变得特别重要。

设想一下，当企业连续几年都完成了看似不可能完成的任务，老板会怎么说呢？

我总结了可能出现的三种情况。

一是，老板说："你们知道我们为什么会成功吗？虽然你们开始都不相信我，但是我们成功了。只要相信我，我们就会取得成功，信我就可以了。"

这等于在企业文化里种下了一颗"老板是神"的种子。你会发现很多企业就是这么干的，什么都是老板一个人说了算。

很多企业老板在参加培训的时候常常问我："怎样才能提升团队的执行力？"这句话的潜台词就是："员工是我的机器，是我的工具，他们只要按我说的去做就行了。"但是，老板不可能永远正确，总有被打脸的时候，而且只能听见老板一个人的声音的企业是很危险的。

另外，如果员工做的永远只是执行老板的指令，那么员工个人和团队的成长又从何谈起呢？一个没有建立起健全管理队伍的企业，又怎么能进一步发展壮大呢？

二是，老板说："你们知道我们为什么能够成功吗？不是靠我一个人，也不是靠你们，是靠什么呢？靠运气。运气好就会成功。"

这就是在企业文化里种了一颗"运气决定一切"的种子。

你会发现，这两种思维都没办法帮助企业走得更远。

三是，老板说："你们知道我们为什么成功吗？既不是靠你们，也不是靠我，而是靠我们所有人身上的一种精神，这是一种永不放弃的精神，是一种'因为相信，所以看见'的精神。"

马云通过把"实"的数字变成"虚"的理念，让员工相信，然后又用"虚"的理念带领团队完成下一个目标。这就是一个将实变成虚、虚变成实的过程，也是从业务的发展经历中提炼出企业文化，然后运用企业文化带来的领导力驱动业务的过程。

这是领导者特别重要的一种能力——定义成功的能力。

找到"赢"的不同角度

要让团队活在一种"赢"的状态中，还有很重要的一点是要找到"赢"的不同角度。

既然是随时随地制造成功，那么我们应该多久制造一次成功呢？是每年都讲，还是三年讲一次，五年讲一次？我认为每一次取得胜利的时候都要讲。

比如，我们全年的目标是赢利，那么第一个月，我们比去年少亏损 50 万元，这就是一种胜利。只是在很多企业里，这种情况一般都被忽视了，或者被认为不值一提。

领导者不仅要随时随地制造成功，还要随时随地定义成功。当第一个月我们比去年少亏损 50 万元的时候，作为领导者就要告诉大家这是值得肯定的成功，而之所以取得这个成功，是因为大家没有放弃。

第一次这样说，可能大部分人都会质疑，也不会在意，但领导者要坚持强调这件事，等到下个月，只亏损了 30 万元，再一次告诉大家："我们的亏损和上一年相比又减少了，按照这个势头，我们今年很可能会赢利。大家知道我们为什么会成功吗？因为我们永不放弃。"

就是通过这样一次次"成功"、一次次定义"成功"，把虚的理念变成每一个人的信念，在员工的心里埋下一颗"我们之所以成功，是因为永不放弃"的种子，并且用这个信念指导未来的工作。

当然，这个成功不局限于业绩。

我在义乌带团队的时候，我们曾经面对一个非常强大的对手。对方的资源很丰富，在业绩上，短期内我们根本没办法跟对方抗衡，但我们找到了另外一个"赢"的角度。

我们提出，让别人去做第一，而我们来制定成为第一的标准。我们下苦功夫钻研客户服务的体系、生态和标准，制定了一套前所未有的服务 2.0 体系，成为很多团队学习的对象。对此，团队成员特别自豪，团队的凝聚力也变得非常强。

胜利可以是成长最快，可以是创新性最强，可以是开拓性最强，可以是最稳定，也可以是续费率最高等。

总之，当你有"赢"的心态，处处都可以创造"赢"的可能。

庆功也是一种领导力

懂得庆功也是一种领导力。个体的胜利要让团队看见，团队的胜利要让大家看见。很多务实的领导者，最缺的就是这种领导力。

为什么很多企业的文化落不了地？就是因为企业的 CEO 没有向

外传播言论。CEO 的言论很多时候代表了企业文化，所以 CEO 需要被人看见，要么做演讲，要么写文章，或者又讲又写。

记住一句话，一个不想做网红的 CEO 不是好老板。当然这个网红可以不是对外的，但最起码是对内的。

领导者不能自己一个人默默定义成功，默默定义是没有用的。成功需要被人看见，才能有激励的作用。被人看见的方式有哪些呢？庆功是一种方式，写文章或演讲也是一种方式。会写文章的领导就写文章，如任正非；会演讲的领导就去做演讲，如马云。

马云在很多场合都说过："我们为什么会成功？就是因为我们永不放弃，因为我们相信，因为我们强调团队合作，因为我们拥抱变化。"

理念、价值观、企业文化都是虚的，所以需要一遍遍地通过强调加深印象，一遍遍地在员工的心里强化，一遍遍地在胜利之后诠释它们，这样才会让员工真的相信——我们之所以成功是因为我们永不放弃，我们之所以成功是因为我们怀有梦想，我们之所以成功是因为我们有使命感。慢慢地，"实"的成功就和"虚"的企业文化形成了一种因果关系。

"实而化虚、虚而化实"的能力对一位 CEO 来说非常重要，这也是企业文化内核不断外延的一个过程。

==阿里的企业文化，从早期的"永不放弃"到"认真生活、快乐工作"，再到"侠文化"、"太极精神"和"平头哥精神"，这其实也是 CEO 寻找自己、定义成功的过程。==

一个领导者的信誉就是这样积累起来的：不断挑战现状，激励人心，取得阶段性胜利，然后再去挑战现状，以身作则，再激励人心。从小胜到大胜，从绩效目标的胜利到战略目标的胜利，慢慢地，大家就会开始相信愿景。

很多人问我:"为什么我们的员工不相信愿景和使命呢?"就是因为你们的员工还没有形成积小胜成大胜的信念,缺少这个积累的过程。

领导者不仅要懂得制造成功,更要懂得怎样定义和诠释成功,将"虚"的理念与"实"的业绩连接起来,进而驱动业务。同时,找到不同的"赢"的角度、不同的庆功方式,对领导来说也是非常重要的。

发现员工的天赋

打造一支凝聚人心的团队的第三条法则是:每个人都是领导中的领导。

管理就是"看人所长,容人所短"

每个人都是领导中的领导,本质是要发挥每个人在他所擅长领域里的领导者地位,让其他人成为他在这个领域的跟随者,从而培养其管理自信和领导他人的能力。

这句话有以下两层含义。

第一,领导者需要看人所长,发现每个人不同的优势和天赋,并把他们放到合适的岗位上。

管理大师彼得·德鲁克说过:"管理者最重要的事情是既要让下属发挥个人优势,也要包容他的短板。"

天下没有十全十美的员工,每个人都有自己的短板。

比如,有个员工,他的业务能力和目标感都非常强,也能带领团队作战,风格彪悍强硬,看似各方面的能力都很强,但肯定没有十全十美的人，那么他的短板可能是什么呢？

可以这样分析：他的能力强，可能不太好管理；他的行动力特别强，可能不太会考虑别人的感受；他的心思不够细腻，跟其他人的关系可能比较差。这些都可能是他的短板。

如果作为领导，你不能包容他的这些缺点，就会影响他发挥战斗力。我们在用人之长的时候要容人之短，这是非常重要的。

第二，在某处获得的领导地位和认同，会在另一处开花结果。

在带阿里"中供铁军"时，我发现带销售团队最重要的一件事就是让他们有自信，这份自信不一定源于业绩。一个人在某个领域获得的自信是会转移到其他领域的。所以，首先要让员工在某个领域获得自信。

怎么让他成为一个自信的人呢？当一个人的某个特长得到发挥的时候，他就很容易成为一个自信的人。一个销售做得不好的人，他有可能在设计上有天赋，或者在团队建设上有天赋，让这些天赋得以发挥，就能帮助他建立自信，成为一个自信的人。

发现员工的优势，并让他们把优势发挥出来，是对领导者的考验。

怎样发现员工的天赋

爱迪生说："天才就是1%的灵感加上99%的汗水。"但很多人并不知道这句话后面还有一句，那就是"但那1%的灵感是最重要的，甚至比那99%的汗水还重要"。

灵感是什么？是天赋，是才干，也是一个人相对于其他人的优势所在。

不要觉得天赋是什么很稀缺的东西。事实上，每个人都有不同的天赋，但是只有很少的人知道自己的天赋并会把它发挥出来。根据调查统计，84%的人一生都没有找到自己擅长的事。

我们通常以知识、技能、态度来评判人才的价值。我认为可以加一个新的测评标准——天赋。当然，我并不是唯天赋论，但是我认为你需要把天赋、努力和勤奋区别开。

有些人事情做不好，会找借口说因为自己没有天赋，但其实这件事情很可能是你通过努力和勤奋就可以做到的，这是你的下限。如果你有天赋，又被放在了合适的岗位上，那你就有可能达到你的上限。对每个人来说，做自己擅长的工作，都是一件很幸福的事情。

发现一个人的天赋并不容易。我要向大家介绍一个工具——盖洛普优势测试。它是目前我看到的能够帮助我们了解自己天赋的最简单的工具。

盖洛普公司经过40多年的研究，总结出人类最常见的4类才干和34种天赋。

这项测试把才干分成以下4类。

第一类：执行才干，指具体操作事情的能力。

第二类：思维才干，指思考问题的能力。

第三类：关系才干，指与人相处的能力。

第四类：影响才干，指影响他人做出决定的能力。

这4个维度并不是为了将人进行分类，而是为了帮助我们更好地认知并运用自己的才干。

每一类才干下面细分了8~9个主题，对于每个主题详细的解释，我放在本节末尾作为延伸内容供大家参考。

大家可以先看一下下面这个表格。

执行才干	思维才干	关系才干	影响才干
成就	分析	适应	行动
统筹	回顾	伯乐	统率
信仰	前瞻	关联	沟通
公平	理念	体谅	竞争
审慎	搜集	和谐	完美
纪律	思维	包容	自信
专注	学习	个别	追求
责任	战略	积极	取悦
排难		交往	

从这个表可以看出，执行才干集中的人，通常行动力强劲，是个实干派。思维才干集中的人，爱思考和学习。关系才干集中的人，能够比较好地处理各种同事关系、客户关系等。影响才干集中的人有比较强的领导才能。

一个人的才干可能均衡分布在不同领域，也可能在某个维度特别集中。

了解每一个员工的天赋之后，管理者需要做的就是思考怎么把他们放到合适的岗位上。

可能有人会问："是不是在用人之前我都需要让员工做一下盖洛普优势测试，再把他们放到合适的岗位上呢？"我觉得没有这个必要。盖洛普的优势理论主要是给我们提供一个概念，避免我们看到一个员工工作做得不好，就认为他不够努力和勤奋，也可能因为这个岗位不是他擅长的，导致他在工作上很难快速获得成就感。这提醒领导者要把合适的人放在合适的岗位。

如何应用员工的天赋

我们来看一下企业中几类典型岗位所需要的能力。

业务开拓者最需要的两类天赋能力是什么？首先，影响客户决策；其次，刺激客户下单，所以他最需要的是执行才干和影响才干。

对于业务维护者呢？他需要的天赋能力和业务开拓者明显不一样。

因为有些人喜欢不断地开发新客户，等到这些人成为客户之后就不想再与其继续打交道，这类人适合开拓业务；而有些人就是喜欢与同样的客户维持长久的关系，产生更紧密的连接，这样的人就适合维护老客户。

这也是很多企业在发展到一定阶段的时候，把开发新客户和维护老客户两项工作分开的原因。

一个业务管理者需要的才干和业务开拓者也不一样。他不仅需要影响才干，还需要思维才干，因为业务管理者需要有战略眼光和更全面的思维。

优秀的业务开拓者不一定是优秀的业务管理者。很多企业让业务做得最好的人去做业务管理者，这样做有的时候是不恰当的。

其实，这两个岗位需要的能力是不同的。一个优秀的业务尖兵很可能只是一个二流的业务管理者，如果你让他去做业务管理者，就损失了一个一流的业务开拓者，这是很可惜的。

再来看下技术工作者最需要的天赋是什么。他们需要执行才干和思维才干，因为他们需要不断学习并更新技能，还要将技能运用到业务中。

那么，培训经理呢？其实，他们需要的才干和业务管理者是一样的，他们需要影响别人，也需要不断学习，业务管理做得好的人很可能也是一个好的培训经理。

发现员工的优势，因材施用，建立一支多样化的、能够相互配合的队伍，是管理者一项很重要的工作。

阿里早期特别推崇"唐僧团队"，因为在"唐僧团队"里，既有目标感特别强的"唐僧"和业务能力突出的"悟空"，也有善于维护关系的"猪八戒"和具体落地执行的"沙和尚"，所以"唐僧团队"的组合是很完美的。

每个企业的 CEO 其实都需要搭建自己的"唐僧团队"，因为企业达到一定的规模后，一个人做决定是忙不过来的，这就需要建立一个智囊团，将不同类型的人才聚到麾下。

我们常说："不怕狼一样的对手，就怕猪一样的队友。"作为一个领导，你为员工提供的最佳福利不是请客吃饭和团队活动，而是招募优秀的员工，让他们和优秀的人一起工作。

延伸阅读　4 类才干和 34 种天赋

1. 执行才干

（1）成就：成就能力较强的人大都精力充沛，锲而不舍。他们乐于忙忙碌碌并有所作为。

（2）统筹：统筹力强的人兼具组织能力和确保组织成功的灵活性。他们善于合理安排现有资源以实现最大功效。

（3）信仰：有强烈信仰的人拥有某种经久不变的核心价值观，并由此形成明确的生活目标。

（4）公平：公平心强的人深知应平等待人。他们确立并坚持这一准则。

（5）审慎：审慎能力强的人每做一个决定都慎之又慎，并设想可能遇到的所有困难。

（6）纪律：纪律性强的人做事井然有序，有章有法。他们喜欢建立规程，遵章守纪。

（7）专注：专注力强的人能够确定方向，贯彻始终，及时调整，矢志不渝。一般他们是先确定重点，再着手行动。

（8）责任：责任心强的人言必有信。他们信奉的价值观是诚实和忠诚。

（9）排难：排除故障的行家善于发现问题并解决问题。

2. 思维才干

（10）分析：分析能力强的人喜欢探究事件的来龙去脉。他们有能力思考可能影响局势的诸多因素。

（11）回顾：回顾能力较强的人喜欢追溯从前。他们通过揣摩过去来了解当下。

（12）前瞻：对有较强前瞻力的人而言，未来令人心潮澎湃。他们用对未来的憧憬来激励周围的人。

（13）理念：他们痴迷于各种理念，能够从貌似毫无关联的现象中找出联系。

（14）搜集：搜集能力较强的人充满好奇。他们通常喜欢搜集、整理各种各样的信息。

（15）思维：思维能力较强的人的最大特点是善于思考。他们勤于自省，敏于探讨。

（16）学习：学习能力强的人有旺盛的求知欲，渴望不断提升自我。尤其令他们激动的是求知的过程而非结果。

（17）战略：战略能力较强的人足智多谋。针对不同的方案，他们能迅速找出相关的模式及结果。

3. 关系才干

（18）适应：适应能力强的人倾向于"随大溜"。他们活在当下，接受现实，随遇而安。

（19）伯乐：他们善于赏识并发掘他人的潜能，能够察觉任何细微的进步，并乐在其中。

（20）关联：关联能力较强的人深信世间万物都彼此关联。没有巧合，凡事必有原因。

（21）体谅：体谅能力较强的人能够设身处地地体会他人的情感。

（22）和谐：和谐能力较强的人渴求协调一致。他们避免冲突，寻求共识。

（23）包容：包容力强的人善于接纳人。他们关心那些被忽略的人，并让他们融入集体。

（24）个别：个别主题较强的人对人的与众不同之处兴趣盎然。他们善于琢磨如何将个性迥异的人组合在一起，创造出最大成效。

（25）积极：积极的人富有充满感染力的热情，他们用快乐、奋斗感召周围的人。

（26）交往：交往能力强的人喜欢人际间的亲密关系。他们最大的满足是与朋友一起为实现一个目标而同舟共济。

4.影响才干

（27）行动：行动能力较强的人能够将想法付诸行动，他们往往缺乏耐心。

（28）统率：统率力强的人有大将风度，他们运筹帷幄，指挥若定。

（29）沟通：沟通能力强的人善于将想法付诸言辞，他们是极佳的交谈者和生动的讲解者。

（30）竞争：竞争性强的人参照他人的表现来衡量自身的进步。他们力争第一，陶醉于竞争的喜悦。

（31）完美：完美能力较强的人专注于激励个人和团体追求卓越。他们相信强中自有强中手。

（32）自信：自信心强的人对自身能力充满信心。他们有自己的处世准则，做决定时成竹在胸。

（33）追求：追求主题较强的人希望在别人的眼中非同凡响。他们独立性强，渴望被承认。

（34）取悦：取悦能力较强的人喜欢结交新人并博取其欢心，在人际交往中打破坚冰、建立联系会令他们倍感快慰。

打开团队的心门:"裸心会"

打造一支有凝聚力的团队的第四条法则是:团队互信,建立共识和共性的行为习惯。

~~在一个团队中,成员的性格、背景和经历往往都不一样,做事风格也大不相同。那么,怎样才能快速拉近大家的距离,在团队中建立一种共识和共性的行为习惯,从而形成团队文化,提升团队的凝聚力呢?~~

~~我认为,"裸心会"就是一种比较好的方式。~~

"约哈利窗"理论

"裸心会"背后的原理是"约哈利窗"。"约哈利窗"是一种关于沟通的技巧和理论,也被称为"自我意识的发现—反馈模型",是由美国著名社会心理学家约瑟夫·勒夫特和哈林顿·英格拉姆提出的。

这个理论按照"我知道—我不知道"和"他人知道—他人不知道"两个维度,将人际沟通的信息分成 4 个区域,分别是公开区、盲点区、隐藏区和潜能区。人与人之间的有效沟通就是这 4 个区域信息的有机融合。

	他人知道关于我的事情	他人不知道关于我的事情
我知道关于我的事情	公开区	隐藏区
我不知道关于我的事情	盲点区	潜能区

约哈利窗

下面我将分别介绍公开区、盲点区、隐藏区、潜能区。

1. 公开区：是指自己知道、别人也知道的信息。比如你的姓名、学历、长相、肤色、性别、爱好和部分经历等。公开区具有相对性，有些事情对于一些人来说是公开区的信息，但对于另一些人来说可能就是隐藏区的事情。

2. 盲点区：就是自己不知道、别人却知道的部分，如自己的缺点和局限、别人对你的感受、一些自己没有发现却被别人看到的优点等。

3. 隐藏区：是自己知道、别人不知道的部分。比如你的一些经历、秘密、身体上的特殊病症、奇怪的喜好等。在沟通中，适度地打开隐藏区，是提高沟通成功率的一条捷径。

4. 潜能区：自己和别人都不知道的部分。如你身上隐藏的疾病、将来能取得的成就等。潜能区是等待挖掘的黑洞，一个人可能通过某些偶然或必然的机会，让别人更深入了解了自己，同时对自我的认知也随之深入，从而使自己的某些潜能得到较好发挥。

可以看到，在人际交往中，共同的公开区越大，沟通起来也就越方便，越不容易产生误会。

所以在人际交往中，扩大公开区域会让沟通更顺畅。

怎么扩大公开区呢？主要有两种方式：一是披露，就是你自己公开别人不知道的信息；二是回应，就是别人告诉你不知道的事情。当双方都这样做的时候，就会扩大公开区的信息，使得沟通更加顺畅和高效，而人与人之间相互了解得越多，也就越容易产生信任，从而更好地交流与合作。

"裸心会"的道与术

在管理中，我们经常会遇到沟通不畅的问题，不仅浪费时间和精力，也影响效率。为了回答"如何让员工、管理层、HR之间心无芥蒂完全信任对方"这个问题，阿里开创了"裸心会"，以这种形式来促进大家相互了解并且增加信任感。

自我信息具有复杂性和可变性，人际交往时的自我表露不同，对对方的认知也具有差异性，这时就需要通过分析别人对自己的态度来了解自己，通过和别人比较以及他人的真实反馈客观认识自己。

"裸心会"的本质就是大家把心里最真实的东西在团队里做分享和互动，敞开心扉聊天。只有当你了解了对方的故事时，你才能真正认识对方，理解对方。当团队成员都敞开心扉，大家就能够更好地相互包容和接纳。团队成员之间只有充分信任，才能更好地共同做事。

"裸心会"的形式虽然多种多样，但主要还是依照以下三种思路。

思路1：从独特的经历和回忆中寻找力量

这种方式就是通过回忆生活和工作中一个个难忘的故事与节点，

分享其中的酸甜苦辣，从而使大家能够更深入地了解彼此，产生更紧密的连接。这种方式特别适用于新、老团队融合的情况，可以让大家更快地相互了解。思路1有三种具体形式。

一是"围烛夜话"。所有人聚到一个房间里，把灯关掉，在地上点上蜡烛，围成心形，每只蜡烛背后放一杯红酒。主持人引导大家席地而坐，然后邀请大家一起，围绕某一个容易引起共鸣的主题开始分享，比如最难忘的一次工作经历、第一次和客户签单的感受、曾经受过的最大委屈、最想对哪个同事说句"对不起"等。

等到大家分享完毕，主持人最后总结一下，比如感谢每一位曾经带给我们委屈和伤害的人，他们开阔了我们的胸怀，也感谢每一位真心帮助我们学习和成长的同事，我们一定不会辜负他们的期望。

二是"生命年轮"。给每个人发几张白纸，以7年为时间节点，写下7年间发生的对自己最重要的一件事情。写完后大家互相分享，可以谈谈这件事对自己的影响，自己从中学到了什么。通过这种方式让大家很快地互相了解彼此生命中一些很重要的经历，这会让大家的心更贴近。

三是"风雨人生路"。首先让大家一起戴上眼罩，互相搀扶走过一段长长的路，然后回到房间，由主持人引导大家分享感悟和心得，可以配上一些比较轻柔、舒缓的音乐，如《神秘园》。在黑暗中大家相互搀扶一起前行，就像是大家刚刚齐心协力完成一场小小的战斗，在并肩作战的过程中，大家的距离更近了，再加上氛围的烘托和催化，大家更容易敞开自己的心扉。

这几种方式都要求每个人放下戒备，袒露心扉，主动讲述自己的重要经历，展现更多感性的、职场之外的形象。在了解了各自的成长经历和背景后，大家就能够更好地包容彼此性格上的弱点和做事方式的差异性，这对工作上的相互配合很重要，也可以让今后的合作更顺畅。

思路 2：从彼此能力模型评定中回应对方

这种方式就是借助别人的视角来更好地认识自己，看到自己的优点和不足，将"盲点区"的信息变成"公开区"的信息。这种方式特别适用于团队发生误会和摩擦之后，双方坦诚沟通，通过他人的视角来更好地审视自己，认识并包容彼此之间的差异。

我曾经做过这样一种活动。

第一，我和一群管理者一起针对"卓越主管"需要的特质进行头脑风暴，大家集思广益，最后总结出如决断力、沟通能力、亲和力等 8 条重要的特质。

第二，让每一位管理者就这 8 条特质对自己和别人进行打分，打完分后统一汇总给主持人。

第三，由主持人就大家的打分情况现场提问，主持人要做的就是在打分中找到那些最低分和差异最大的分值进行提问，让大家能够把最尖锐的矛盾和不同的观点直接表达出来。

举个例子，小明在亲和力这一项给自己打了 9 分，但只给小亮打了最低分 3 分，这是为什么呢？必须让小明同学现场说出理由。

这时最重要的是，被点名的小亮在听完小明陈述的理由后，不可以反驳，而要感谢对方，因为对方贡献了他的建议和看法，这本身就很有价值。

通过这种让不同观点和视角碰撞的方法，每个人可以看到别人眼中的自己，发现自己更多的优点和不足，从而反思和自我探索。

思路3：从未来规划构建中互相寻找共性

如果说上一个方式更多的是通过发现矛盾和差异点进行回应和披露，那么这个方式就是通过了解对方和自己的共同点，来达成更好的连接。这特别适用于团队共创一些重要认知，比如在使命、愿景、价值观等方面，团队每个人都能抛开差异寻找共性，在认知上达成一致。

我在前文讲到的企业价值观的提炼过程，就是从未来规划构建中互相寻找共性这一思路的实践，所以在此就不展开了。

同样的方法还可以套用于对企业愿景、SWOT分析（态势分析法）、战略方案的提炼上。"裸心会"最大的优点是可以了解每个人的想法，每个人都可以充分表达不同意见，最后留下所有人都同意的观点和内容。因为是所有人都同意的，每一个关键词的背后又有故事来印证，所以在理解上会更容易深入每个人的心里。

以上三种思路，不管是哪一种，本质都是以真诚为核心，进行信息的交换和互相加持，以赋予对方力量为前提。"裸心会"不是催泪会，更不是批斗会，而是开放、坦诚的共识共创，也是相互检视的真心话大冒险，更是彼此内心最深处的灵魂触碰。

下属辅导中的借假修真

培养人这件事在阿里叫作"借假修真"。"借假修真"这四个字来自《黄帝内经》，书中把人分为四类，依次为贤人、圣人、至人和真人。真人是最高等级，所以当我们没有达到最高等级的时候，都是"假"的，而这个修炼成真人的过程就是"借假修真"，而每一个等级既是前一个等级的"真"，也是后一个等级的"假"。

这么说，你可能不能完全理解，我举个例子。比如，在团队业绩和团队成长这两件事中，团队业绩是假的，团队成长才是真的，我们是要借团队业绩目标来达成实质性的团队成长，这是真的。而在团队成长和领导者个人成长面前，团队成长是假的，领导者个人成长才是真的，我们是要借团队的成长修炼领导者个人的成长。所以，每一个等级此时为真，彼时却为假。

大家还记得前文提过的新上任的主管路飞吗？我将继续以管理论坛的形式，借用路飞遇到的难题，讲讲如何培养员工。

管理的陷阱

新主管路飞在参加了公司的培训后,了解到培养人是一件很重要的事情,所以他仔细分析了团队里每个成员的情况。

新手大宝,进公司半年,工作上还没有什么章法。

"两年陈"员工文玲,业绩不理想,积极向上,但心态有点急。

"三年陈"员工董君,属于默默耕耘型,业绩中游,为人踏实、诚恳,最近有点避开路飞。

"五年陈"员工吴天,业务骨干,近来不太开心。

赵龙,业务骨干,业绩好,也是路飞刚进公司时的师傅,和路飞的关系一直不错。

根据这些情况,路飞做了一个计划。

赵龙是师傅,又是业务骨干,能够自我管理,所以可以暂时不管。

吴天是业务高手,路飞就委托他去帮助董君。董君毕竟是三年的老员工了,有了吴天的帮助,业绩应该不会太差。

大宝和文玲是最需要帮助的,所以路飞把他俩结成对子,经常和他们沟通,希望他们能够继续努力。

你觉得这样的安排妥当吗?

我认为不妥当。为什么?因为路飞看起来是新官上任三把火,虽然开了会,又安排了团队的内部培养机制,但很可能是好心办坏事。

路飞犯了什么错呢?

第一,路飞不管赵龙,会让赵龙感觉自己不受重视,他可能会想:"路飞变了,以前是小兄弟,现在做了主管,都不理我了!"这会让赵龙的感受很差。

第二，吴天本身是没有动力去帮助董君的。他因为没有得到晋升，正有情绪。在这种情况下，路飞没有事先沟通，就让吴天去帮助董君，很有可能会让他俩抱团，成为负面情绪的中心。

第三，路飞花了很多时间和精力去帮助文玲和大宝，这样做有没有问题？

有问题。路飞犯了新手管理者最容易犯的一个错，那就是把时间浪费在对组织贡献比较少的人身上，而对贡献最大的两个人——赵龙和吴天，路飞却没有投入时间。

新人的成长也需要一个周期，短期内他们很难快速取得优异业绩。如果路飞继续这样带团队，他很可能耗费很大的精力，回报却很小，而且他和赵龙、吴天的关系也会日益疏远。

路飞真正应该做的是和老员工赵龙、吴天多交流，帮助他们适应自己的身份变化，给予他们更多的支持和信任。对于文玲和大宝，路飞可以在经过沟通后，让他们跟着赵龙和吴天多学习。这样，整个团队的活力和生命力才能持久且健康。

员工的状态分类

从路飞的这个案例里，我们可以看到，在一个团队里，每个员工的能力和状态都是不一样的，因此领导者对不同员工的领导方式也应该有所差异。在这里，我要向大家介绍一个辅导方法——"情境辅导"。

"情境辅导"是根据辅导对象的具体情况，把辅导放到实际的应用场景中。所以，针对不同的对象，我们需要采取不同的辅导方式。

根据工作意愿和工作能力的变化情况，员工大致分成以下 4 类。

第一类员工，高意愿、低能力，主要是新员工或者新岗位上的员工。

第二类员工，能力略有上升，但是意愿度反而下降。

第三类员工，能力有很大提升，但是意愿有波动，不稳定。

第四类员工，高意愿、高能力。

很明显，路飞团队里的大宝属于第一类——高意愿、低能力。一年之后，他的能力会有一定提升，所以到那个时候，他就会变成第二类员工，并且很有可能面临一个职场黑暗期。

所谓的职场黑暗期，就是你的标准和目标更高了，大家也认为你的能力提升了，因而对你有更高的要求和期待，但实际上你的能力并没有本质的提升。如果这个时候你没有办法拿到让自己满意的结果，你的工作意愿就会下降，会产生挫败感，甚至开始怀疑公司到底适不适合自己。很多员工在入职一年后离职就是这个原因。

如果你能够度过职场黑暗期，能力继续提升，就很有可能变成第三类或第四类员工。需要注意的是，这两类员工的状态并不是固定的，而是波动的。

比如路飞团队里的吴天，原来处在第四类——高意愿、高能力，但是当他认为自己的付出没有得到相应的回报，比如没有得到晋升时，他就从第四类变成第三类。赵龙之前也属于第四类，但是在路飞不关注他之后，他也很有可能退回去变成第三类。

另外，当外界有诱惑，比如有猎头来挖他们的时候，第四类员工也很可能变成第三类。

人才的管理其实是要管理人才的状态，而一个合格的领导者要懂得因材施教，先观察、判断每个员工的状态，然后有针对性地运用一些方法提升他们的工作能力，提高他们的工作意愿，这也是管理者价值的体现。

那么，针对不同类型的员工，应该采用什么样的领导模式呢？

第一类员工

我们先来看一下第一类员工的特点，作为新人，他们有求知欲，满怀希望，跃跃欲试，积极、乐观、热情洋溢，但是缺乏经验和技能。所以对这类员工进行领导的方式很简单，叫作"下指令"。

因为对于新员工来说，最重要的就是养成良好的工作习惯。所以作为领导，你直接告诉他目标和工作方法就可以了，不需要过度和他亲近，建立情感连接，因为现在还没到那个阶段。当然，这里的新员工指的是基层员工。如果是新加入公司的中高层员工，你要承担帮助他落地的职责，帮助他加快和现有团队的融合。

第二类员工

第二类员工比较复杂，他们的能力有所提升，但是独立完成任务还有点困难，又因为没有特别出色的工作成果而丧失动力，有点气馁和沮丧，使命感下降。对于这类员工，我们采用的方式叫作"教导"，教的是方法和工具，导的是心态和意愿。

针对这类员工，阿里经过实践，总结出了16字方针：我干你看，我说你听，你干我看，你说我听。

为什么是这个顺序呢？

因为到了这个阶段，你该说的都已经说了，再说员工只会觉得你烦人。所以先是"我干你看，我说你听"，我先做示范，证明我的方法可行，然后我再说给你听；接着"你干我看，你说我听"，代表我和你一起，你来做，我来指导和监督。

这样循环几次之后，这个员工就会慢慢地知道要怎么做出成果了，能力和意愿也会同步提高。

另外，在团队和组织里面，当一个员工有挫败感，而且意愿度不够的时候，你要安排另外一个人和他一起工作，或者由你指导他工作，这也是特别重要的。

以前我带销售团队的时候，经常会做的一件事情就是，如果我发现某个人状态不好，而我又没有时间陪他，我就会让他去跟着一个状态好的人一起跑市场。我会跟那个状态好的人讲清楚，一定要带动他，一定要影响他，哪怕今天少跑几家客户也没关系。

也许有人会问："那个状态不好的人会不会影响那个状态好的人？"当然，你要防范这个问题。根据我的经验，一般情况下，一个工作正处于上升期的人很容易正向带动一个处于下降期的人。

对于能力有所提升但仍需继续学习，同时工作意愿又比较低的员工，我们要采用教导的方式。

第三类员工

对于第三类员工，即高能力，但是意愿有所波动的员工，应该如何领导呢？

这类员工的特点是，在企业中有所贡献，基本适应岗位，对自己很挑剔，有时候会怀疑自己的能力，缺乏安全感。

这类员工需要的是平易近人的良师或者教练，对应的领导方式是支持，而最好的支持方式就是教练技术。

教练技术是一门通过完善人的心智模式来支持对方挖掘潜能，提升效率的管理技术。用公式来表达就是：

$$表现 = 潜能 - 干扰$$

可以看到，教练技术的要点是带领教练对象排除干扰，引导他打破思维局限，发挥最大的潜能，所以尤其适合第三类员工。

在处理问题时，人最容易陷入的思维陷阱之一就是二元对立。教练问话就是要带领谈话对象跳出二元对立陷阱。先看一个案例。

有人问嘉措活佛："怎样才能成功？"

一般情况下，如果有人问你怎样才能成功，你很可能会反问："什么才算成功？如何定义成功呢？"但是活佛的回答很有意思，他反问："你是失败的人吗？"

这个问题的背后包含了很多含义。如果问的人认为自己失败了，那他就应该知道怎样定义成功，因为失败是相对成功才有的，就像光明是相对黑暗才有的。如果问的人认为自己没有失败，那就说明他已经成功了。

教练技术的要点是通过提问引导的方式，让对方自己领悟。

接下来我就教大家两套非常简单的教练技术。这两套教练技术虽然简单，但是蕴含深奥的原理，几乎所有的教练技术都源于这两套简单的教练技术。

第一种是教练问话。

我先带大家做个练习，体验一下教练问话和我们比较熟悉的辅导问话的区别。

如果你的一个下属来找你，向你倾诉工作中遇到的问题，你会如何引导他，怎么和他对话？

你可以先尝试一下辅导问话，比如：

> 我觉得你的问题是……
> 你要思考的是……
> 你要做的是……
> 如果我是你，我会……

然后你再尝试一下教练问话：

> 你注意到了什么？还有呢？
> 你要改变的是什么？
> 你做些什么，这些改变就会出现？
> 你会如何制订你的行动计划？
> 你会在什么时候开始？
> 我如何得知你已经开始？

怎么样？你发现两者之间的区别了吗？

可以看到，辅导问话都是很直接的，告诉对方问题在哪里，应该怎么做。而教练问话，是以对方为焦点，一步步引导他去思考他应该做什么，怎么做，什么时候开始做。

下面我来详细地分析一下每个问题的指向。

第一个问题：你注意到了什么？

这个问题的本质是建立共情的连接。因为对方讲的是自己遇到的麻烦和烦恼，你可以问对方："你在讲刚才这件事情的时候，有什么样的感受？你注意到了什么？"

它的关键是建立一个情绪连接点。因为是烦恼，讲起来不会很开心，所以这个时候你需要创造一个共情点。你可以这样问："你刚才讲了那么多，你注意到了什么？你有什么感受？"这是比较适合建立连接的方式。

第二个问题：你要改变的是什么？

这个问题本质上问的是目标和效果。这是所有教练技术万变不离其宗的部分，因为对于一艘没有目标的船来说，所有的风都是逆风。跟对方确立一个谈话目标是很重要的。

第三个问题：你做些什么，这些改变就会出现？

这个问题本质上想问的是方法和路径，引导对方进一步思考为了实现目标需要做哪些事情。

第四个问题：你会如何制订你的行动计划？

这个问题就是想问对方是否有行动计划。没有的话，就需要开始做计划，开始行动了，需要思考如何制订行动计划，以实现目标。

第五个问题：你会在什么时候开始？

这个问题本质上是在问时间节点，问对方打算在什么时候开始制订行动计划，什么时候开始行动。引导对方思考什么时间适合展开行动，尽快开始。

第六个问题：我如何得知你已经开始？

你要告诉员工："你要让我知道你已经开始行动，或者我如何支持和帮助你。"这就是监督和反馈。你要明白一件事：员工永远不会做你重视的事情，只会做你检查的事情。

这六个问题分别问的是情绪和感受、目标和效果、方法和路径、行动计划、时间节点以及检查和反馈，它们之间是有递进的逻辑关系的。

教练问话的方式最大的特点就是：所有问题的焦点都在对方身上，会让对方感受到你是真正关心他，想要帮助他解决问题。

你不是直接给出解决方案，而是引导对方一步步思考。对方如果是第三类员工，他们是有能力解决问题的，直接给方法并不是最好的处理方式，你要做的是帮助对方理清和拓宽思路。

如果你在管理过程中，只用教练技术，会让人感觉缺乏亲和感，因为你一直在问问题。

因此，有时，你可以适当地给对方一两个建议，大概就是70%的教练问话加上30%的辅导问话，因为教练不给答案，而辅导员给答案。

这30%的辅导问话其实也不是真的给答案，而是用来构建亲和感和专业度。适当地给对方一些建议，其中有共情的部分，有创造性的部分，也有连接的部分，这是一种比较好的方式。

第二种教练技术，叫作上堆、下切和平行式问话，虽然特别简单，但是很有效果。

根据NLP逻辑思维层次理论，人的生活，包括系统本身的活动，都可以通过6个不同层次进行描述和理解。最低层次是环境，第二个层次是行为，往上依次是能力、信念或价值观、身份，最高层次是精神（系统）。

上堆就是从高一层次去提问，目的是找出被问者所追求的价值，即他行为的正面动机，以便找出更正面、更利于实现目标的方式、方法。

下切是从低层次去提问，目的是更为聚焦，把谈话内容中的某些部分放大，使之更为清晰，就像用一把小镊子理清各种资料。在管理中，经常会提的问题就是"5W2H"，即 What、Who、When、Where、Why 和 How do、How much。这是一个值得借鉴的提问方式。

　　平行则是从同一层次去提问，目的则是让对方注意到实现同一个目标和价值的不同方法，找到在同一层面的最佳选择。

　　我们在切入问题的时候，需要有一个预判：在什么阶段应该往上堆，在什么阶段应该往下切。

　　我建议，如果是跟喜欢夸张的员工沟通，那么一般来说，适合采用下切的方式。

　　比如员工小李对你说："老板，最近市场很乱。"

　　你先问："哪里乱？"

　　小李回答："有人搞价格战。"

　　你继续下切："谁搞价格战？"

　　小李答："隔壁老王。"

　　你接着问："他是怎么搞的？"

　　小李回答："他搞降价。"

　　你追问："哪款产品？降了多少？"

　　小李回答："001 号产品，降了 0.1 元。"

　　你再问："这个产品的销售额，在我们的总销售额里占多少？"

　　小李回答："1%。"

　　你会发现，销售额占比 1% 的产品降了 0.1 元，小李就把这和市场很乱挂钩了，显然是大惊小怪，过分夸大了事实。

　　对于这类员工，在沟通的时候适合采用下切的提问方式，帮助他聚焦问题细节。

还有一些员工喜欢埋头做事，但很少思考做事的目的和背后的意义。对于这样的人，就适合采用上堆的提问方式。

比如你和下属小王聊天，你问他："团队管理有哪些方式？"

小王回答："请客吃饭。"

你再问他："还有什么方式吗？"

小王回答："发红包。"

可以看出小王是一个比较现实的人。这时候你就要启发他："发红包、请客吃饭，会给你带来什么价值？给团队带来什么？"

小王回答："能够凝聚团队。"

你就需要再问："凝聚团队有什么作用？"

……

就是这样，用上堆的方式，一步步引导小王去想具体行为背后更深层次的目的和价值。

同时，你也可以采用平行的方式提问："要凝聚团队，除了发红包和请客吃饭之外，还有什么方式？"用交流的方式，从而引导小王进行思考。

以上我介绍的两种教练技术：教练问话，上堆、下切和平行式问话，目的都是通过提问的方式引导第三类员工，即高能力但意愿有波动的员工，让他们树立找出问题与设定目标的责任感，鼓励他们参与讨论，主动制订行动计划。

第四类员工

高意愿、高能力的员工的特质是懂得自我指导、启迪和鼓舞他人，尤其在面对变化与挑战时，能够比较好地应对。这个阶段的员工，需要的是一个良师或同事型的领导，而不是一位老板式的领导者，他需要在做出贡献后能够得到认可和表扬。面对这类员工，最好的领导方式是授权，让他感觉到被信赖，有充分的自主权发挥自己的能力。

管理者的时间永远是有限的，合理有效的授权不仅可以让下属分担工作，也可以人尽其才，减少资源浪费，更可以缓解自身压力，有效激励和锻炼员工，让他们在获得成就感的同时也能够快速成长。

如何做到有效授权呢？正确授权应该具备以下三个要素。

第一，授权应该在公开场合，得有仪式感。

授权一定要在公开场合进行，让相关部门和人员了解被授权人的工作目标、工作内容、权力范围等，从而避免被授权人在后续开展工作时遇到不必要的阻力。

相反，关起门来授权是一种很糟糕的授权形式，最有可能发生的情况是，要么有人"不买账"，要么大家都不知道被授权人的权力大小，没有人对其监督，从而发生被授权人行为偏离预期的情况。

在企业里，有一种情况比较常见，比如经理老李把小王叫进办公室，说："我们年底要办一场客户答谢会，这个事情以前都是小明负责的，但是他最近比较忙，所以你去帮他筹备一下，你俩一起负责。"

可是，当小王问起哪些事情由他负责，哪些事情由小明负责，他俩谁向谁汇报这些问题时，老李扔出一句："你们自己商量。"

可想而知，小王在后续推进工作的时候一定会遇到很多麻烦。

首先，其他配合的同事因为没有听到经理老李的部署，肯定会半信半疑，配合度上就会打折扣，或者还是以配合以前经常合作的小明为主。

其次，因为小王和小明没有明确的分工，这就很可能导致在遇到难题时，两个人互相推诿。

因此，授权要在公开场合，要有仪式感，让人感觉到严肃性，要让被授权人在工作时能够名正言顺，且权责清晰。否则，在团队协作上很容易出问题。

第二，要有清晰的目标体系。

员工必须了解自己在授权下需要达到哪些具体目标、在什么时候完成，只有清楚了这些，才能有基本的行动方向。授权不是简单地把事丢给员工，还要让他明白管理者想要什么效果。不然，你发出模糊的指令，然后进行授权，被授权人也不知道怎么办。

我给大家举个例子，看看什么叫清晰授权。

场景一："小明，你负责今年新产品的推广工作，好好干，年终奖肯定少不了！"

场景二："小明，这次年度新产品的线下推广工作由你来负责，公司希望新产品在北、上、广、深这些一线城市都能达到40%以上的占有率。达成目标的话，到年底，公司会给你10万元奖励！"

在第一个场景中，看似被授权的小明其实是很茫然的，因为他并没有明确的目标，也不知道自己可能得到哪些奖励，比如新产品的推广工作都包含哪些？要从哪儿开始推广？做到什么程度算是及格，什么程度又算是优秀？年底奖金怎么算？等等。

第二个场景则不同，小明可以根据公司期望的目标进行市场调研，规划全年的推广工作，然后将目标拆分成具体的工作步骤逐步实施。

要记住，如果一艘船没有目标，那么对它来说，所有的风都是逆风。有效的授权一定要让员工看到明确的目标，并且保证目标是可拆分和可达成的。

第三，给予与权力对等的责任和资源。

俗话说得好，巧妇难为无米之炊。在授予职权的过程中，一个合格的管理者不是简单地将职权下放下去就完事了，对被授权人还要做到给钱、给人、给资源、给工具、给方法、给方向。这也是很多管理者容易忽视的一点：你想当然地以为权力都给下属了，具体安排当然也就一股脑儿抛给下属了，这样下属就会陷入迷茫，他们所能达到的结果也就不得而知了。

比如公司想要做个产品宣发，员工跑来说："老板，做宣发我们需要50万元预算。"

"预算？公司没钱，你想想办法嘛。"

"想了，没钱的话，我们打算跟合作的公司资源置换，您看公司的××资源能不能提供给我们？"

"哎呀，这个资源拿出去置换不太合适，你再想想其他办法吧。"

"那要不给我们配30个人，我们自己去做推广。"

"公司项目时间紧，任务重，抽不出这么多人啊。"

"老板，我们还有什么能用？"

"哎呀，都授权给你了，你要自己想想办法嘛。公司既然授权给你，就是看中了你的能力，我相信你一定行的……"说完老板挥挥手走了，留下被授权人独自在风中哀叹。

你感受到没有？这样的授权并没有真正给被授权者支持，反而像是领导对工作内容的"甩锅"。授权不只是责任的转移，也是相应资源的转移，目的是让被授权人顺利行使职权，开展工作。不给资源的授权都是名义上的虚假授权，是无法解决具体问题的，久而久之，团队发展必然受阻。

在授权的同时，还需要跟对方明确你和公司可以提供的支持和资源。这样不仅可以帮助被授权人更好地制订行动计划，也能够给予对方更多的信心和能量。

授权是辅导员工成长最好的方式之一，而授权本身也是一种辅导，但在授权过程中有一个必须注意的事项——被逆向授权。

有的管理专家把"员工遇到的工作问题"形象地比喻成"猴子"。在现实工作中，这只"猴子"常借助"逆向授权"之手，在员工和管理者之间跳来跳去。

比如，当下属来向你请示的时候，如果你回答说"我想一想，一会儿再告诉你"，那么半小时之后，你会发现这个下属就站在你的门口，敲门问："领导，您考虑得怎么样了？"

本来那是需要下属解决的问题，你需要做的是检查其成果。可现在呢？变成他来检查你了！于是，"猴子"跳到了你的背上。

有些管理者成天手忙脚乱，逐一为员工做决定，不断地被员工牵着鼻子走，处理一些本该由员工自己处理的问题。在某种意义上，可以说管理者沦为了员工的手下。

既然是授权，这个权力本来是归领导者所有的，只是你把这个权力授予对方。这种情况下，最重要的原则就是：可以替下属承担责任，但是绝不可以替下属做事。

权力是你的，做砸了你可以承担责任，但是你不可以替下属做事，否则授权就失去了意义。有时对下属真正意义上的授权和辅导，就是完全放手让下属去做，即使下属会犯错。

有效授权对管理者、员工和企业三方都是有利的。

充分掌握了以上几个授权要点后，管理者可以空出较多的时间做策略性思考。员工可以学习新的技巧，培养自己的专长。公司也可以提高整体的运转效率，增强企业的灵活性。

管理者永远不要想着一个人独撑大局，要仔细挑选人才、雇用人才，然后有效授权给他们，让他们负责，让他们独立作业。管理者在帮助员工成功的同时，也等于是在助力自己和公司的成功。

以上就是针对不同类型的员工，领导者应该采取的不同培养方式。一个好的领导者，应该懂得根据员工的不同情况，有针对性地对其进行培养和领导，不仅帮助个体成长，更帮助团队成长。领导者也能够在这个过程中提升领导力，从而更好地带领团队取得胜利。

建设干部梯队

阿里巴巴成立20多年来,为什么总是能够吸引良将加入呢?我认为,主要原因在于它对组织领导力的培养和对干部梯队的建设。这些非常值得其他企业借鉴。下面我分享一下阿里的具体做法。

疑人要用,大胆轮岗

阿里的用人观里有一句话,叫作"疑人要用,用人要疑"。

第一个"疑"是指对对方的能力有质疑,第二个"疑"指的是在工作中指导、检查和监督对方。

阿里对人才的要求就是四个词:聪明、乐观、皮实、自省。聪明,指的就是学习能力,是指一个人在过去的成长经历中,面对不同环境快速改变和适应,并看到事物背后最根本问题的能力。乐观、皮实也是很重要的特质,无论面对什么样的状况,都能够保持乐观的心态,积极面对,同时要经得起折腾,不要玻璃心。自省就是自我反思、自我总结,这是最难做到的,但是只有这样,一个人才会不断成长进步。

只要符合这些要求，那么无论这个人的背景和学历怎样，都有可能被委以重任。这就是"疑人要用"。

另外，轮岗培养管理干部也是阿里经常使用的方法。我就是轮岗培养的管理干部之一。当年我从业务管理者的角色被调去担任"大政委"，让我更全面地了解、贯通人和业务，这给我的职业生涯提供了很大的帮助。

在广东时，为了全面提升前后台管理者的信息互通交流与能力，我们曾做过一个"风火轮计划"，让前线的管理者和后台的管理者调换岗位三个月，帮助他们站在不同的角度审视业务，让他们能触类旁通，培养更全面的业务视角。

在阿里高层，轮岗更是再正常不过。现任阿里云智能事业群总裁的张建锋，最早是一名架构师，后来被调去管阿里的B2B业务，负责过聚划算、淘宝、天猫业务，之后任职集团CTO（首席技术官），直到现在负责阿里云业务。

从一名前台成长为集团首席人力官的童文红，更是阿里不拘一格大胆用人的典型代表。

阿里这种大胆的用人方式正是它在管理干部梯队建设中的关键动作。作为一名领导者，你想要培养人，就一定要舍得轮岗，大胆任用。

隔代培养，以战养兵

阿里在管理上有个做法叫"管一层，看一层"，意思就是管理者不仅要管理自己的下一级，还要培养下级的下级。

比如，以前广东中供的总经理会拉着他的下级区域经理和下级区域经理的下级主管一起来开每个月一次的管理论坛。马云的"风清扬"班除了会拉下面的总裁一起参加外，还会拉着副总裁一起参与。

通过这样的带班，能够跟下级以及再下一级的员工建立连接。基本上这两层抓好了，队伍就会比较牢靠，无论是业务方向，还是思想动态，都不太会偏离。除此之外，还可以让每一级管理者上一个台阶思考问题，下一个台阶做事情。

还有一点非常重要，管理者要在自己所属的业务单元形成业务节奏，这些业务节奏是对管理干部能力最好的检验。

比如，淘宝的"6·18"、天猫的"双11"，不仅是业务上的高点，也是人为创造出来的组织压力测验和锻造的节点。在这种高压力、高竞争状态下，优秀的干部更能够脱颖而出。

只有战场才会让一个人成为将军，所以培养干部最好的方式是让他有仗可打。战场不仅仅存在于外部的竞争，内部也可以创造竞争和PK机制。

化繁为简，九招制胜

经过不断实践和完善，阿里形成了基层、中层、高层的管理"三板斧"，分别规定了每一层级的领导者要做的十分关键的三件事，从而形成阿里管理修炼之路——"九板斧"。

下面我先分别介绍一下基层、中层、高层的管理"三板斧"是什么。

基层"三板斧"

基层三板斧是指"招聘和解雇""建团队""拿结果",属于任务的落地和执行层面,是从做事到做人的单一模块。

招聘和解雇

在阿里,建团队、招聘,最终都是由业务线管理人员负责的。HR 和"政委"做的更多的是辅助工作,提供人才框架和体系。

因此,招聘一定是一线管理者的事情。这并不是说要让他自己去找简历,而是要反复与 HR 确定到底需要什么样的人,市场上是否存在所描述的人才画像,并最终为招聘负责。

解雇也是管理者要做的事。

一家公司对员工的考核一般有两条线——业绩线和价值观线。其中,价值观好、业绩不好的人叫"小白兔",可以给他们机会,但是如果给了机会业绩仍不见起色,就要将其解雇。价值观不好、业绩好的叫"野狗","野狗"是必须解雇的。在阿里干了三年管理,如果没有开除过人,这个管理者基本上是不称职的。这就是阿里的管理原则:"一个管理者心要仁慈,但刀要快。"

建团队

每位基层管理者都应该懂得如何带人、凝聚人心,引领团队达成共同目标。人才都是在实战中锻炼出来的,只有经得起真正的业务、真正的战斗考验的人才,才具有真正的价值。领导者要学会在用人的过程中养人,在养人的过程中用人。

当组织扩大到一定程度时,为了储备人才,会招聘大量的员工。这时,对管理者来说,必须做的事就是重新梳理业务,并明确三个问题:第一,这个业务的客户是谁;第二,客户的价值是什么;第三,为什么由你来做。明确了这三个问题后，你才能够明确业务主线，更好地制订人员计划。

拿结果

阿里有一句土话叫作"没有过程的结果是垃圾，没有结果的过程是放屁"。作为一个基层管理者，首先在业务层面，要能抓得住过程，拿得了结果，掌控得了人。

为什么要有过程、有监管？因为只有过程是好的，这样的结果才是值得被复制的。尤其是对于直销团队来说，每天跑多少客户，打多少电话，都是有规定的。如果这些都把握不了，那其他的都免谈。

把握好过程，我们也就能更好地把握结果，知道有效客户跟进到什么程度，才能拿到什么结果。以结果为导向，言出必行，这对培养团队士气也是很重要的。

中层"三板斧"

中层"三板斧"是指"懂战略""搭班子""做导演"，属于从战略到执行的转化，是资源协调和整合的多模块组合。

懂战略

在阿里，中层管理者在做事之前，先要理解为什么做，这件事对公司的未来和客户的价值是什么。要知其然，更要知其所以然，并且在解读战略时，一定要形成自己的认知。在这个过程中，如果没有自己的转化，就会完全变成一个传声筒的角色，失去自我价值。每一个层级的管理者都有自己的理解方式，所以中层管理者要学会用对方理解的方式上传下达。

搭班子

中层管理者需要围绕业务，去做资源的配置者，其中很重要的一块就是人才盘点与梯队建设。

合理的管理带宽，互补的团队组合，对人心、人性的把握，这三个方面是中层管理者在搭班子时需要考虑的。只有综合考虑了这三个因素，才能打造出一支能够互相配合、有战斗力的团队。

做导演

懂得了战略，搭好了班子，接着就需要调动资源，演一台大戏。导演的职责是给客户提供优质的产品和服务。

做到中层管理者以后，最容易犯的一个错误是离客户越来越远。在阿里，只有副总裁级别的人，才有独立的办公室，其他管理者都是和员工一起办公的。这背后，一方面传递的是开放的文化，另一方面也是为了更好地接触客户。

想要更好地服务客户，每一个管理者都应该问自己三个问题：客户是谁？客户的价值是什么？这个客户为什么由我来服务？以此充分了解客户，进而从客户的需求出发，配置人才和资源，发挥团队的优势和特色，精心打磨产品和服务，让客户满意。

高层"三板斧"

高层"三板斧"即"定战略""造土壤""断事用人"，属于定方向和做决断的层面，用于培养高层的组织能力和建立完善的体系。

定战略

企业的成功 = 战略 × 组织能力。战略是"三分看出来，七分做出来"的。好的战略是"苦熬"出来的，只要大方向对了，就可以不断地试错。在阿里有一句话:"选择错误比不选择要来得更好。"如果你做出了选择,跑了一段时间后发现错了,就及时停下来,还有改正的空间,但如果犹豫不决,往往就会失去先机。对于高层管理者,"定战略"是非常重要的一步,找准方向,然后大胆试错。

造土壤

高级管理者需要给员工透明的天、有安全感的地、流动的海、氧气充足的森林、融洽且有归属感的工作社区。公开透明的制度、稳步的成长空间、人才的流动机制、良好的团队氛围,以及人与人之间的联系,这些都是培育员工的土壤,也就是文化的力量。只有团队文化呈现出健康、正能量的状态,员工才能安心工作,快乐工作。

断事用人

高层管理者要"做正确的事",而不只是"正确地做事"。另外,还要找对人,知人善任,用人所长。在用人的过程中,你不能完全放手,需要一些监督或辅导。

在创业过程中,很多时候一个业务的成功,就是因为你用对了一个人。这也说明管理者平时做好蓄水养鱼工作的重要性。当你的组织、你的团队、你的公司取得一些成绩之后,要向外界传播信息,吸引一些人才进来,为未来的发展做储备。

你会发现,每一个层级的"三板斧"其实都提到了两件事——做事情和培养人。其背后反映的是阿里的人才发展理念——"人事合一"和"虚事实做"。

阿里的管理者不仅要能够做成事情,而且还要能够带出一支队伍。"虚事实做"是因为领导力、文化、员工成长等都是虚的,必须通过实实在在的事情才能将体验落地,在业务中沉淀宝贵的体验与感受。管理的"九板斧"就是用来指导管理者实践"人事合一"和"虚事实做"的思维与工具。

"政委"的工作是以业务为导向，和业务管理者打配合战，促进目标的达成。"政委"负责的是解决关于"人"的问题，把控的是原则、底线、团队氛围以及员工培养、成长体系。"政委"存在的意义是更好地为企业发展服务，从职能导向转变为业务导向，也是近几年人力资源岗位的发展方向。对此，企业需要多加重视。

第五章

打胜仗：让团队爱上"赢"的状态

打胜仗不仅是对领导力最好的检验，也是对员工最好的激励方式之一。三个备战阶段，三种团建方式，助你打一场胜仗。

领导力就是在组织中让别人跟随你，并通过他们让团队不断拿到卓越成果的能力。所以，打胜仗不仅是对领导力最好的检验，也是对员工最好的激励方式之一。

在阿里，有三种不同的团建形式，可以为打赢一场战役做准备。

这三种团建形式，分别对应战役的三个阶段：

启动阶段，用思想团建唤醒赢的本能；

备战阶段，用生活团建创造赢的状态；

战斗阶段，用目标团建实现赢的结果。

可能有很多人会认为，团建就是吃喝玩乐，玩玩狼人杀、真心话大冒险。游戏环节固然要有，但只玩游戏是远远不够的。

团队建设本质上是要实现"在情感上凝聚，在目标上结盟，在利益上共享"。

思想团建：用故事凝聚情感

思想团建，即让团队达成思想上的统一，凝聚情感。

那些善于激励人的领袖，如丘吉尔、巴顿将军等，他们在做激励工作的时候，都是在讲一件事情——Why，即为什么而战。

我们在做思想团建的时候，主要也是讲两件事情：一是讲清楚为什么而战；二是讲清楚这件事跟他有什么关系。我们要把使命、愿景、战略这些理性目标转化为感性目标，然后"销售"给员工。

团队的潜力是无限的，当你找到真正的激励点后，就能改变人们的思想，激发人们的潜能。

要在思想上达成一致，有一个很简单的方法，就是一遍一遍反复讲，反复沟通，反复宣导。还有一种方式就是讲故事，因为单纯宣导比较枯燥，而故事更有记忆点和趣味性。隐藏在故事中的隐喻和金句，也可以有效帮助团队凝聚思想，让成员在思想上达成一致。

我举一个自己亲身经历的案例来诠释怎么做思想团建。

2010年3月，阿里巴巴爆出了深圳大区龙岗区域22名员工帮助客户制作假的港澳通行证，骗取第三方认证公司审核通过的丑闻。

经过核实后，这22名员工被全部开除。龙岗区域当时只剩下7名主管和60名员工，团队中人心惶惶。我当时临危受命，立下军令状，决心要在三个月内让龙岗脱胎换骨。

这有可能吗？怎么做才能实现这一目标呢？

我当时想到弗洛伊德说的一句话："人与生俱来有两个本能，一是性，为了繁衍生育；二是攻击，为了抵御野兽。"

"赢"就属于攻击维度，所以我要做的就是唤醒员工攻击的本能。我要用思想团建唤醒大家赢的本能。

在阿里，思想团建主要分三步：同频共情，换个角度看事，看见远方。我将具体介绍一下这三个步骤。

同频共情

首先要让团队达成思想同频。

对于一个刚刚经历重大挫折的团队，与他们达成思想同频很重要。他们低迷、焦虑、迷惘，处理这些情绪最好的方式就是让他们去面对，去发泄。

我是怎么做的呢？到龙岗报到当天，我就走上演讲台，并写出龙岗区域的口号："我爱龙岗，追求梦想。"

然后我问台下的员工："你们还爱不爱这个区域？爱不爱龙岗？"

当然没有人理我。我就更大声地问："请问你们爱不爱龙岗？"还是没有人理我。我一直问，问了十几次之后，才有几个认识我的人敷衍地回答："爱，爱，爱。"还暗示我"别问了，太傻了"。

我没有放弃，继续问，每一声都比之前更高亢，问了一百多次，渐渐有一个、两个、三个、四个人回应我……直到最后，那些一开始坐着无动于衷的人，都站了起来，甚至挥舞着拳头回应我。

我看到很多人的眼里都含着泪水，他们麻木的心灵被唤醒，他们的情绪在那一刻得到了最需要的宣泄和释放。

最后，我们都是哑着嗓子在喊。这就是共情——我们有同样的情绪，同频共振。

换个角度看事

与现场的员工达成共情后，我开始提22名员工被开除的事件，想到这22个人和现场的员工多多少少都有情感联系，我作为刚来的"空降兵"，不适合说太多，所以我讲了一个故事。

有一对老夫妻，他们用多年的积蓄买了一栋漂亮的房子，远处有大海、花园、大树，他们希望在这个美好的环境里安享晚年。但是不久之后就发生了意想不到的事：有很多孩子跑到他们家附近玩儿，不仅吵闹，还踩死了很多花。

于是老爷爷想了一个办法。

一天，他对孩子们说："我很欢迎你们来我家玩儿，我给你们100元，你们拿去买吃的，一边吃一边玩，好不好？"孩子们当然无比开心。

第二天，孩子们又去向老爷爷要钱，老爷爷说这次只能给50元，孩子们有些失望，但还是拿了钱去买东西，边吃边玩。

等到第三天，孩子们再次跑来向老爷爷要钱，老爷爷却说："不好意思，我拿不出钱了，你们还会陪我玩儿吗？"孩子们回答说："不给钱，我们再也不过来玩了。"之后，他们再也没有回来过。

我们都说小孩子的天性就是喜欢玩耍，他们心灵单纯，但仍然会被其他事物蒙蔽天性，比如金钱和物质。

我没有继续讲太多，而是让他们思考故事里的隐喻——不要让物质偷走你的灵魂，从而让他们更好地思考之前发生的事情并引以为戒。

如果管理者有什么事情不方便直接讲出来，可以用讲故事的方式引导员工思考，这不仅可以避免激发员工的抵触情绪，也可以更好地传达管理者想要表达的信息。

看见远方

处理好情绪，又让他们换个视角看那件他们在心里纠结的事情之后，接下来要做的就是带领他们去看远方。

在这里必须探讨一个问题：什么东西决定了一个人的未来？我认为是格局。

你会发现，以每小时计算收益的人是钟点工，以每天计算收益的人是菜贩子，以每月计算收益的人是打工一族，以10年计算收益的人是创业者和投资人，而做教育、培训的人会用100年计算收益。人之所以现实，是因为短视。

我当时问台下的员工："你们希望自己在10年后成为什么样的人？"

我和他们分享了一段话："我不是天使，但拥有天堂；我不是海豚，但遨游海洋；我没有翅膀，但俯视阳光；我没有神灯，但手捧希望。"

然后我问他们："龙岗的希望在哪里？"他们回答说："在我们自己

的手里。"这就是我想要的答案。

不管是个体,还是团队,从最初把自己当成受害者,到最后转变为责任者,能量开始往上走。这也是一个好的开端。

每个人心中对于远方的标准都不一样,所以还要继续为他们制定具体的目标,这样他们在日后的工作过程中就不会偏差太远。

所以我又讲了一个故事。

有一次,我去一家韩国料理店吃饭。吃完之后,服务员让我填写意见反馈表,因为味道的确不错,我想也没想就全部选了"很好"。正要出门,服务员追过来希望我给他们提一些意见,他说:"您没有勾选'感动',肯定是因为我们没做好。"我接过反馈表一看,原来"很好"后面还有一个选项——感动。

有句话叫作"取法其上,得乎其中,取法其中,得乎其下"。也就是说,你确立了高目标,最后可能只达到中等水平,但如果你确立了一个中等目标,最后也许只能达到低等水平。因此,一个团队起初就要把产品和服务的标准定得高一些,这样才可能做出客户喜爱的产品。

当你把"感动"定义为最高标准的时候,你所做的一切都会围绕感动,就像海底捞的第一标准是感动客户,围绕用户做到服务第一。

讲完故事,我就告诉台下的员工,接下来我会以"感动"为标准来打造两块土壤:一块是帮助员工成长的土壤,一块是为客户服务的土壤。

最后我分享了电影《艋舺》中的一段台词:"风往哪个方向吹,草就要往哪个方向倒。年轻的时候我也曾经以为自己是风,可是最后遍体鳞伤,我才知道我们原来都是草。"

我问他们是否同意这个观点,有人同意,有人不同意。我说:"这句话就是胡扯!你是风还是草,全看自己的选择!你们是想和我一起做风,还是做草?是做领导者去影响别人,还是跟随别人、被别人影响?"

他们给我的答案完全一致:"要做风。"

这就是唤醒,每一个人都有想赢的欲望,我只是唤醒了他们的这个欲望。

经过我对龙岗区域的重建,最终龙岗的业绩还是比较令人满意的:重建前,龙岗的业绩在全国排第 40 位;重建后,在当年 12 月,龙岗一跃成为全国第 4 名,首次进入全国一流区域,并且在之后再也没有跌出全国前十。

德鲁克说过一句话:"管理的本质就是激发一个人的善意和良知。"

我非常赞同这句话。语言可以千变万化,但目的都是带领员工看到"诗和远方",激发他们的善意和感恩的心。

这就是阿里打造的企业文化和价值观的作用与价值。

生活团建：玩在一起才能干到一起

讲到生活团建，大部分人想到的都是吃喝玩乐，比如我们公司以前每个月一个人有 100 元团建费，通过每次的花销记录可以发现，团建费的花销大同小异：7 月吃川菜，8 月吃湘菜，9 月吃粤菜……看起来团建只有"吃"这一件事。

这显然不是生活团建的全部，生活团建的价值是"创造赢的状态"。

想要创造赢的状态，前提是组织得团结。一个真正好的组织，一定是团结的组织。只有让成员之间建立相互信任的心理连接，才能给团队带来创造奇迹的可能性。

我对生活团建的定义就是通过物理接触产生"化学反应"。什么叫"化学反应"呢？就是心与心发生碰撞，让团队成员共同经历一些事情，从而沉淀感情。我认为，没有化学反应的团建都是无效团建。

以前带团队时，我要求主管在每个月的团建中做到三个"一"，即一次聚餐、一次感动、一场旅行。当然，做生活团建的时候要因人而异，根据人们的年龄和喜好采取不同的形式。

要想成功开展生活团建，需要关注两点。

创造释放点

释放点就是大家要互相敞开心扉,坦诚相见。我在前文说到的"裸心会"就能够创造非常好的释放点。

当年,我即将从绍兴区域经理调到深圳区域经理的时候,领导给我安排了一个任务:让我问一问我的下级主管,我在工作中有哪些做得不好、需要提升的地方。我当时很不以为然,认为不会从下属那里得到什么反馈,也就没把这事放心上。

过了半个月,领导问我有没有做,我才发现他对这件事还挺重视。

于是某个星期六的晚上,我就找了下级主管们一起吃饭。大家先喝了点酒,酒过三巡之后,我就开始问他们我在工作中有哪些做得不好的地方。六七个人听了之后面面相觑,有点不知所措。

最后,有个女同事开口了,她是替一个老员工打抱不平。我听了之后内心虽然愤愤难平,但因为事先领导对我说,除了在听取意见后说"谢谢",不能有任何回应。

结果他们足足数落了我一个小时,让我觉得万箭穿心。但是回头想想,我在处理有些事情的时候确实考虑得不全面,这对我之后的工作提供了很多警示。这件一开始我不以为然的事,对我日后的工作提供了很大帮助。

这样对上级吐槽的"裸心会"是阿里的传统之一。

当年阿里给卫哲举办三周年成年礼的时候,马云组织整个高管团队对他进行现场炮轰,还邀请了柳传志、史玉柱这些外部人士一起参与。那次长达两个半小时的"裸心会"对卫哲来说是一次极大的心灵震撼。从那次之后，卫哲才从一个精英"空降兵"真正融入阿里。

"裸心会"是一个很好的交流方式，管理者可以设置一些规则来创造释放点。

另外，轻松的环境也有助于员工打开心扉，员工的心态自然会放开。餐桌、温泉、海边、高山都是比较适合生活团建的场合。

运动也是一种非常好的方式。

我曾经带着团队去踩动感单车，六七十人一起，再请一个DJ（唱片骑师）喊麦。记住，一定要踩半小时以上，突破生理极限的那个点。在运动过程中，大家相互鼓励，一起加油、呐喊。最后结束的时候，大家一起仰着头，对着天花板大口喘气，大家的心一下子就拉近了。

寻找甜蜜点

甜蜜点指可以引起大家情感爆发的点。

在阿里，每次做生活团建之前，都会看一看是否刚好是某个人的生日或某个纪念日，如果是，我们就会提前做一些准备。

有一次团建，我们了解到团建那天刚好是主管小建进公司8周年的纪念日。他已经在阿里做了6年主管。

一个人在同一个岗位上待久了难免会有些懈怠，之前我们尝试了很多种方式去激励他，但效果都不太理想。

于是我们就想趁着这次团建的机会，再做一次尝试。考虑到他是公司的老员工，肯定有很多美好的记忆。

我们查看了他在阿里的履历，发现有12个人曾经做过他的主管，所以我们就找到这 12 个人，分别让他们录了一段视频。

我们提了两个要求。一是必须讲一件跟小建之间不为人知的小事，一定是特别小的事。你会发现，打动人的往往不是那些惊天动地的大事，而是身边不经意发生的小事。二是表达祝福。

最后我们做了一个视频合集，在团建的时候为小建播放。当播放第一个视频的时候，小建的眼眶就湿了。

第一个视频中，小建曾经的主管是这么说的："嘿，小建，我是你在阿里的第一个主管。我们第一次见面就很不愉快，那天你穿了一件白衬衫，上面有两个骷髅头。我告诉你不能穿这样的衬衫去拜访客户，你说这叫个性，说我不懂，最后你客户没跑成，我也被气得半死。我不知道你还记不记得，第二天当我买了一件没有骷髅头的白衬衫送给你的时候，你告诉我，我是除了你妈妈以外第二个给你买衣服的人。那件衣服还在吗？祝福你，在阿里 8 周年快乐，祝你越来越好！"

接下来，第二位、第三位主管又分别说了一些特别感人的小事。

当看完全部视频之后，小建抱着我的肩膀痛哭，哽咽地说："老张，三年之内你都不需要激励我了。"我知道这次激励成功了。

我没有因此忘记这次激励的目的。

等到小建心情平复之后，我马上问他："刚才的话当真吗？"

小建看着我的脸很严肃地回答："当真。"

我问："为什么？"

他说："其实我自己都忘了，在我的成长经历里面，原来有那么多的人帮助过我。虽然我今天的职位也不是很高，但是如果没有他们，我可能连今天都走不到。所以我希望我以后也能够成为在别人的视频中表达祝福的那个人。"

作为领导者,你需要清楚,老员工的甜蜜点在过去,不在未来。记忆里的点点滴滴会让他重新记起自己曾经的梦想,找回当初的激情与动力。

让员工达到情感的升华和爆发,随之发挥激励作用,就是甜蜜点的作用所在。

留下记忆点

记忆点就是团建过程中留下来的记忆。

每一次的生活团建都要留下一些资料,可以是一段话、一个视频、一本影集……无论如何一定要留下一些东西,这是最宝贵的记录。对初创企业来说,这件事格外重要。

遵循记忆点。在阿里,我就做过这样的生活团建,带团队去4个城市进行"寻梦之旅"。

每到一个城市,我都会留下一封邮件,记录吃了什么、喝了什么、聊了什么。到现在,我还保存着这些资料,回想起来,每一段经历都历历在目。

我认为,每一次生活团建必须有这样的记忆点。可以在之后的团建中使用它们,也可以将其做成照片墙等作为企业文化展示的一部分。

"政委"的工作成果,就是这样通过一点一滴的身边事,慢慢积累起来的。这是一个从量变到质变的过程,功夫全在平时。

到这里,关于打胜仗的三大过程:唤醒赢的本能——思想团建;

创造赢的状态——生活团建；实现赢的目标——目标团建，已经讲完前面两个。根据我的经验，思想团建效果最多维持一个月，生活团建最多也能维持一个月，只有目标团建才会让一个组织的活力持续迸发。

目标团建：随时随地定义成功

不管是思想团建，还是生活团建，都是为最后一步——目标团建做准备的。在实现目标的过程中，领导者需要根据战斗的情况，植入信念、文化，激励团队持续战斗。

目标团建的核心是"随时随地制造成功，随时随地定义成功"。

我分享一个真实的案例。前面我讲到，2010年3月，深圳龙岗区域22名员工因触碰公司高压线被集体开除，整个团队人心惶惶。我临危受命，立下军令状，要在三个月内让龙岗区域脱胎换骨。

6月1日，为期一个月的季度性PK拉开序幕，番顺区域挑战龙岗区域。当时我接手龙岗不到三个月，团队元气尚未恢复，加之龙岗从未战胜过番顺，这些条件让这场大战显得格外艰难。

6月17日，战斗过半，番顺区域已经以600万元的业绩取得压倒性的阶段性胜利，而当时龙岗的业绩只有200万元。

当时有很多主管向我抱怨："老张，叫你不要接这场PK，你不听！你看我们前面做了思想团建、生活团建，团队建设效果都挺好的，万一这场仗打输了怎么办？不就前功尽弃了吗？"

确实，做了思想团建和生活团建后，团队关系已经打通、打透。这个时候如果能打一场胜仗，那对团队将是最大的鼓舞。但是万一打败了，的确也会损伤我们努力提升起来的团队士气。

因此，那时最焦虑的人是我。我考虑了很久，思考怎么才能激发大家的斗志，打赢这场仗。想到团队里大家都不是新人，对一些套路都很熟悉了，激励效果也会大打折扣，所以我尝试了新的方法。

当时恰逢电影《叶问2》热映，里面有一个场景：洪金宝扮演的洪震南与外国拳师打擂台，洪震南不敌外国拳师被打倒在地，叶问想帮洪震南扔出"白毛巾"，以示投降，但是被洪震南拒绝了。

他非常坚定地说："为了生活，我可以忍，但是侮辱中国武术就不行！"

最后洪震南还是不敌对手，被活活打死，场面极其惨烈。

6月18日早上，我把这段视频放给大家看。大家看完之后心情很糟糕，都不讲话。

我看了看大家，站起来说："我不知道现在在场的有多少人已经扔出了心中的'白毛巾'。龙岗不是你一个人的，也不是我一个人的。我们一起来做一个决定，请大家站到我的周围。"他们都围了过来，然后我拿起电话打给番顺的经理老潘。

因为之前没有跟老潘沟通过，他一接电话就调侃说："老张，听说你们的业绩不错啊。"

我说："老潘你严肃点，我的兄弟们有话跟你说。我们现在有两个选择，第一个选择就是我们认输，不打了；第二个选择就是跟你们死磕到底！"

然后我问龙岗的兄弟们："兄弟们，告诉老潘，你们选择哪一个？"结果大家声嘶力竭地喊"死磕到底"，足足喊了三分多钟，等我再拿起电话时，发现老潘已经挂断电话。

真正的战役从那天打响了。

也就在那一天，我们做了 100 万元的订单。要知道，前面 17 天我们只做了 200 万元。

永远不要低估一个组织和团队的潜力。

我想问你，这 100 万元是实的还是虚的？很显然，它是结果，是"实"的。我要做的就是，马上用领导力把它转化成"虚"的精神和理念。因为这种虚的精神和信念，可以不断地被诠释，然后被应用到其他事情上。

于是当天晚上我立刻写了一封邮件，发给龙岗的全体将士。邮件内容是这样的：

> 什么是英雄？在茫茫黑暗中发出生命的微光，带领队伍走向胜利，这就是英雄。
>
> 英雄是在关键时刻凸显出来的。感谢昨天每一位签单的战友，你们仅仅用半天的时间就创造了日进百万的战绩，这是一个奇迹！你们就是龙岗区域真正的英雄！

在这封邮件里，我把大家达成的业绩这个"实"的部分转化成一个"虚"的英雄身份。

最后我用一句话结尾："一起铸就龙岗之魂，一个可以让阿里中供永载史册的战争之魂。"

这句话的底层逻辑是 NLP 六大理解层次中的身份和环境层次。根据这个理论，人的生活和系统本身的活动都可以通过 6 个不同层次进行描述与理解。

这 6 个层次从上到下分别是精神、身份、信念、能力、行为和环境。其中，精神、身份和信念属于高三层，能力、行为和环境属于低三层。人的心灵扳机，也就是产生激励因子的地方，处在高层次。所以，我提出的"英雄""龙岗之魂"就是从高三层去激励的。

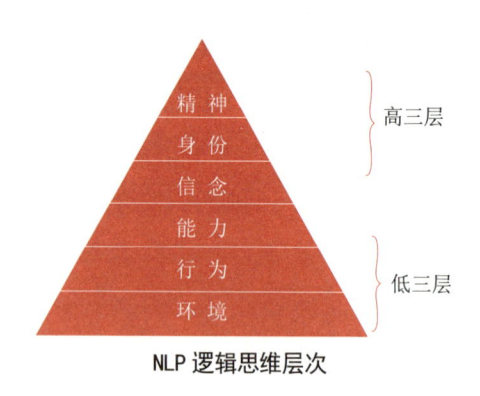

NLP 逻辑思维层次

"6·18"百万大战报捷，再加上我的这封激励人心的邮件，开始把整个龙岗的行动力推向快车道。

最终，我们团队在最后 13 天做了 800 多万元的业绩，是前 17 天业绩的 4 倍！总业绩达 1 000 万元！反超番顺 30 万元，而这 30 万元通通发生在最后一晚的 6 点到 12 点。

番顺因为前期遥遥领先，所以到最后一天，他们非常确信自己可以胜利，在晚上 6 点就结束战斗去庆功了，但他们万万没想到，这 6 个小时却是我们龙岗打败他们的临门一脚。

那天发生了一件特别令人感动的事情。

我们最后一份合同是在晚上 11 点 56 分拿到的，那是一个 18 万元的订单。

签下这一单的员工叫毛远，0点10分，他打电话对我说："老张，今天晚上我不回办公室了，我很高兴完成了这个任务。"

我没有同意，我告诉他还是要回来一趟，因为阿里的规定是销售结束工作后都要回办公室报到再回家。

等毛远回到公司已经快凌晨1点，他一进门，发现全公司的人都在等他。大家一下子冲上去，把这个一米九的小伙子像英雄一样抛起来。

那个场面我至今记忆犹新。

经过这次战役，龙岗的团队开始发生蜕变。

==我再强调一下，发挥领导力很重要的一点就是"随时随地定义成功"。==

对于龙岗的这次大战，一定要把这"实"的1 000万元变成"虚"的理念，再把"虚"的理念种到员工的心里面，这很关键。

我又写了一份邮件，引用了一段歌词，我觉得这段歌词特别符合我们当时的心境：

> 你不在乎我的过往，看到了我的翅膀。
> 你说被火烧过才能出现凤凰，逆风的方向更适合飞翔。
> 我不怕千万人阻挡，只怕自己投降。

当时的龙岗区域就像凤凰涅槃。在战役结束前的4分钟，晚上11点56分，我们拿到了最后一份合同，取得了这场战役的胜利。

可以说，那一刻，龙岗团队的精神，龙岗团队对胜利和尊严的执着凝聚成了龙岗不屈的军魂，流淌在龙岗区域每一个成员的血液中。这就沉淀出了龙岗的组织文化。

可以看到，如果领导力不够强大，是没办法沉淀出组织文化的。组织文化一定是虚实结合的。

组织文化既要包含"实"的数字、"实"的胜利，也要与"虚"的精神、理念结合，这样才能发挥出组织文化的最大功力。这也就是我前面讲过的，"领导力和文化是硬币的正反面"的内涵。

目标团建，最直接的目的是实现业绩目标，赢得胜利。其深层的目的是帮助团队成员找到最真实的自我，突破极限，实现蜕变。因为一场一场的胜利，不仅是对员工最好的奖励和激励，也有助于在团队中树立精神，塑造军魂，使其成为文化坐标。这对管理者来说也是磨炼自己，培养更高阶领导力的过程。

如果没取得胜利，也不是坏事。打败仗也是一种团建，打败仗后的总结和心理重建也是寻找另一种"赢"的过程，从失败的过程中发掘"赢"的点，并且将其提炼出来，让它成为下一次战斗更强的动力。领导者不用害怕失败，带着团队拼就够了。

延伸阅读
欧德张给龙岗团队的两封信

第一封信

伟大的龙岗精英们：

什么是英雄？在茫茫黑暗中发出生命的微光，带领队伍走向胜利，这就是英雄。

英雄是在关键时刻凸显出来的。感谢昨天每一位签单的战友，你们仅仅用半天的时间就创造了日进百万的战绩，这是一个奇迹！你们是龙岗区域真正的英雄！

如果说前17天时间我们只是打了一个盹，那么后面的时间就是我们大肆张扬激情和展现实力的时候！

让我们一起用行动、用结果诠释龙岗王者归来的精神和意志。这场战役打到现在，才真正进入高潮，没有人可以叫停，没有人可以有丝毫松懈，要么迎着炮火向前冲锋，把尖刀插进敌人的心脏，取得胜利，要么被对手炸成肉泥，你别无选择。

直销是可以让人倾注所有感情和血性的战场，如果你听不到这个战场上的炮火声，如果你看不见这个战场上浴血奋战的战友，如果你已经不能全身心地为之疯狂和投入，那么你已经渐行渐远，请你收拾铺盖离开这里。

因为这里不需要弱者，不需要懦夫，不需要那些理性的职业人员。站在这里一天，你就是一名战士，你必须拿起枪战斗。阿里的战争文化完美地诠释了直销的精髓和哲学，这也是阿里巴巴无敌于天下的唯一法宝。

如果你做不到，就给我滚！！！

国与国之间的竞争，如果只是靠武器先进和人多，那就不会出现运筹帷幄、决胜千里的军事家。企业和企业之间的竞争，如果只是靠资金实力，那就不会出现雄才大略的企业家。直销团队的PK，如果只靠理性和正常思维，那绝对不会出现强势逆转、突破极限的结果。

伟大的战役呼唤伟大的英雄，最后12天，伟大的英雄们，让我们一起持续疯狂，用铁血的意志和最强悍的行动，一起铸就龙岗之魂，一个可以让阿里中供永载史册的战争之魂！！！

第二封信（战后胜利）

伟大的龙岗战友们：

一部精彩的电影绝不仅仅有一个华丽的开场，它还需要高潮迭起的过程和一个完美的结局。

一场直销战役也是一样，没有人愿意为了输打一场仗，整整一个月时时刻刻都想着赢的人也不多！

很多人都说PK的对象是自己，但真的能做到吗？尤其是当对手比自己弱太多或强太多的时候，人们就很容易集体迷失方向，因为大部分人还是把PK看作战胜对方，而不是超越自己。

当跑步的第一名没有人追赶的时候，他很难发挥最高水平。这不是实力问题，而是内心把谁看作对手的问题。"输"永远是输给自己，而"赢"也永远是赢自己。对手是假的，自己才是真的。

我们做到了。6月17日那天，我们全部订单业绩只有200

万元，但所有人没有放弃，更没有忘记心中的目标——重整旗鼓，逆势反击。

当大家蒙住眼睛，不顾一切向前冲刺的时候，我们甚至一度忘了对手，忘了这场 PK，我们只想突破自己心中的极限。13 天的时间，绝大多数人都没有休息；13 天的时间，我们有三天都是当天订单过百万；短短的 13 天，我们创造了 800 万元的业绩。这是一个奇迹，这是中供历史上一场伟大的战役。

逆流而上，绝地反击，6 月 30 日最后一天，我们还签下了近 80 万元的订单。当天，晚上 6 点到 12 点，我们还有十几名战友在外面浴血奋战，最后一个合同签订的时间是晚上 11 点 56 分。那一刻，龙岗区域的精神，龙岗区域对胜利和尊严的执着化作一个龙岗不屈的魂流淌在每一个龙岗战友的血液中！

一部精彩的电影只需要一个优秀的导演，而一场伟大的直销战役，每个人都是导演，每个人都决定着战斗的胜负，每个人都是领导中的领导。

面对一场大战，可能我们需要感谢的人有很多：家人、客户、主管、战友等，但一定要把最后一个感谢留存在心中——感谢自己，感谢自己战胜了自我，实现了真正的渴望，才算是"到过了天堂"，我们奋战到了老天爷愿意出手相助的那一刻！龙岗——我们真的彻彻底底赢了！

把生命中的每一次"赢"都看作上天的恩赐，把生命中的每一次"输"都看作下一次前行的动力。感悟人生，笑看输赢，与所有人共勉！！！

阿里 B2B 广东大区历时 10 年的变革

分享一下阿里 B2B 广东大区历时 10 年变革组织结构的案例，看看他们是怎么通过组织变革超越以前从未胜过的浙江大区，成为全国标杆的。

案例背景

2008 年左右，阿里 B2B 广东大区的业绩大不如浙江大区，但在外贸出口总量上，广东省是远超浙江省的。

广东大区为什么在业务模式、运营方式、团队、组织和浙江大区相似，而市场总量更大的情况下，业绩却始终比不上后者呢？

究其原因，广东大区直销队伍的战斗力与浙江大区有差距，但这种差距不是在能力上，更多是在意愿和雄心上。所以，对他们来说，组织干预和蜕变就显得尤为重要。

这里强调一下，组织蜕变是一个通过变革文化引导个人与集体行动和学习的、意义深刻的系统变革，包括个人、团队和系统层面。

组织蜕变一般会经历三个阶段：第一阶段，系统组成部分或元素出现变化；第二阶段，交互模式的变化，局部状态的改变；第三阶段，局部变化推动整体状态的变化。

要改变广东大区的这种现状，需要从改变组织中的元素开始。

多阶变革流程

下面我就分三个阶段，具体介绍这次组织变革是如何发生的。

2008—2009年
任广东大区总经理

干嘉伟

2008—2009年先后任深圳
区域经理、广东大区副总经理

刘自成

2009—2011年
任广东大区总经理

杨子江

2009—2011年先后任
深圳区域经理、龙岗区域经理、
广东大区副总经理、
广东大区"大政委"

欧德张

关键人物

第一阶变革：系统组成部分或元素出现变化

2008年，干嘉伟（以下称"阿干"）被调到广东大区任总经理。在阿里第一任COO（首席运营官）关明生眼中，阿干是令狐冲式的人物，是大师兄，也是阿里直销队伍中的元老级人物。用阿干自己的话来说，他是见过系统，也建设过系统的少数人之一。

到了广东后，阿干做了以下4件事。

第一，将当时浙江金华区域经理刘自成（以下称"老刘"）调到深圳任职。老刘当时是公认的阿里"铁血第一悍将"，在没有区域突破2 000万元的情况下，他带领宁波突破3 000万元大关。他既了解业务的具体打法，也有能力进行凝聚人心的文化造血。阿干将老刘调到深圳，是对广东大区组织变革的巨大赋能。

第二，管理论坛。那时阿干正好在中欧商学院学习，每次在月度主管管理论坛上，他都会将学到的内容与大家分享、交流，组织大家讨论案例。

这个教学相长的行为，既让阿干把理论反复咀嚼，形成了属于自己的运营和管理系统方法论，也提升了广东区域管理干部的管理能力和视野格局，为之后的进一步变革打下了良好的基础，同时做好了心理连接。

第三，种草梦想。由于阿干对前线的业务很熟悉，又在公司、后方任职过，对整个流程比较了解。到任后，他强调要提升中、后方的整体协同能力，为业务服务。

在市场策略上，加强网商论坛等会议营销方式，制作了一个以《上甘岭战役》为脚本的启动大会视频，并在内部播放，还提出"亮剑夺旗，铁血天下"的文化口号，为下一步超越浙江埋下梦想的种子。

第四，提出具体可行的管理方法。阿干对直销团队标准化管理中的"早会、晚分享"情有独钟，于是就在广东强力推广。

从我的角度来看，这项标准化动作在当时并没有起到特别大的作用，但对"盯过程比单一抓结果更有效"这一直销管理理念的落地是有很大价值的。这套方法论后来被阿干带到了美团，并且取得非常大的成功。

第二阶变革：交互模式的变化，局部状态的改变

老刘到深圳任职后，他和阿干都认为广东的销售无论是队伍的专业度、综合能力，还是广东的市场潜力，都要比浙江强太多，制约广东业绩进一步突破的根本原因就是团队风格过于务实，销售团队缺乏该有的"狼性"。

因此，老刘到任后，做了以下三件事。

第一，蓄势成长。当时深圳的老员工比较多，大家受到这个城市的文化影响，职业化程度很高，个体能力很强，但整体协作和团结需要加强。在第一次深圳团队大周会上，老刘就提出了"因为短视，所以现实"，要求团队提升格局，并推动老员工向管理者的方向发展。这些动作为团队之后的建设起到了很好的蓄能的作用。

第二，营销创新。为了加强管理层之间的凝聚力，老刘带着所有主管去丽江进行了为期9天的团建。其间有一个意外收获：游玩中，团队受藏药销售团伙巧妙营销方式的启发，结合当时的团队情况，总结了一套提升会议营销效果和成交率的方法，并在团建后迅速落地。这个方案中的很多创新办法都发挥了很好的作用。

深圳的这种能量集聚，也慢慢开始影响整个广东大区，并发生微

妙的变化。

第三，疑人要用。任何变革都离不开对人的推动。正当老刘通过聚势准备放手大干一场时，他被晋升为广东大区副总经理。对于已经进入快车道的深圳，非常需要一个新的区域经理来带领团队乘势彻底点燃。

因为老刘有非常强的个人魅力和领导风格，他的接班人并不好选。几经选择，老刘向阿干推荐了我，因为我的晋升速度非常快，三年间从一线销售员，过关斩将，做到浙江绍兴区域的区域经理。

但我是经理中的新人，担任经理岗位还不到一年，这样就让很多人对我的认知很有限。我当时负责的绍兴也是浙江最小的一个区域，团队成员不到80人，而深圳是广东最大的区域，有16个主管，近200名员工。

老刘的部署在当年看来可以说是一个非常大胆、有风险的用人策略，各级领导者也充满担心和疑虑。

但我是当时中供体系里少有的能够运用系统化思维来组织、策划战役，并且取得结果的人。阿干和老刘正是看到了我身上的这个亮点，想不拘一格地用人。将我调到深圳这样的大区域，对我来说是一种磨炼，对深圳来说也是一次新的尝试。

还好最终我带领深圳首次打败了宁波区域，完成了3 000多万元的销售额，超过区域历史最高业绩一倍多。这也证明阿干的选择并没有错，同时也让阿里"疑人要用"的制度更加深入人心。

第三阶变革：局部变化推动整体状态的变化

接了被誉为阿里"神级人物"老刘的班，作为新人的我倍感压力和煎熬。快速彻底地燃爆深圳，是当时的重大目标。

为达到这一目标，我做了6件事。

第一，系统培训。当时阿里对客户的培训是不成体系的，不仅培训内容碎片化，时间也很零碎。于是我把之前在浙江成功实践的"橙色学院"模式带到了深圳落地，建立"启程学院"，为客户提供基于业务流角度，比如如何处理询盘、如何跟进客户等相关内容的系统化培训。每次课程时间也从原来的两三个小时，变成两三天的封闭式培训。

这一举措不仅为销售团队的销售提供了助力，获得了他们的认可和信任，也赢得了深圳客户的良好口碑。

第二，会议沙龙。会议营销是一种很好的方式，但是成本高，操作起来烦琐，不适合大规模复制。所以，我们总结了一些要点并简化了流程，形成了一套小型会议沙龙的标准打法，让一些优秀的销售或主管在标准化流程的指导下，举办小型会议沙龙。

小型会议沙龙这种形式弱化了个体销售的能力差异，而且可以高频次、小范围操作，便于快速复制成功经验；同时，售后服务模式也从一对一转化成系统化的培训，可以更好地规范服务标准，提高服务效率，优化客户体验。

第三，星火集结。2009年8月，广东大区新任总经理杨子江上任。在杨子江的带领下，大家就新的广东大区使命达成共识——"粤十年，粤天下"，意思是过去十年是浙江的十年，未来十年是广东的十年，剑指浙江。

9月，正值阿里十周年，老刘和我达成一个共识：要做大事就必须乘着大势。所以老刘写了一封题为"学习浙江，超越浙江，忘掉浙江"的邮件，发给了所有广东同事。

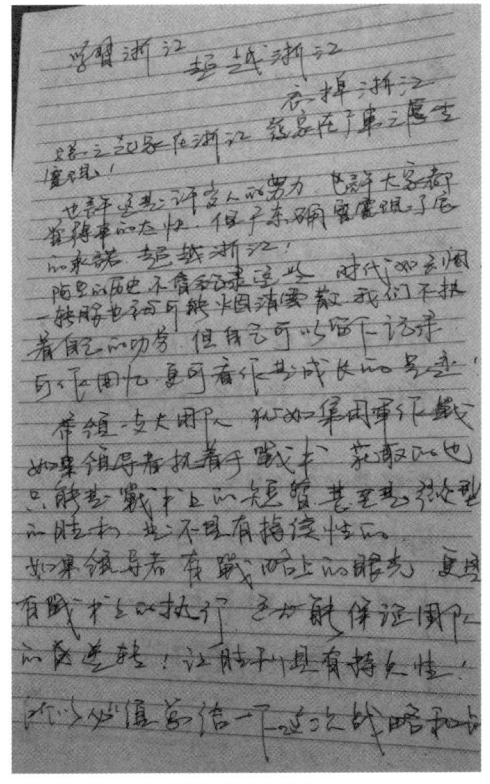

刘自成手写的信

在信中，我们发出了一个虚拟组织"星火连"的召集令，呼吁大家利用回总部参加十周年大会的机会在浙江学习，看看我们与他们之间的差距在哪里，一定要有超越浙江的决心。最终，确定去浙江学习的"星火连"成员有100多位。

第四，燎原大会。"星火连"的成员从浙江回来后，大家都情绪高昂，觉得广东确实没有任何理由落在浙江后面。

我乘势组织了一场启动会，叫"燎原大会"，寓意"星星之火，可以燎原"，给大家高涨的情绪再"煽个风"，并且让大家定目标。

几乎所有的人都在"燎原大会"上喊出了自己的目标，并决心一定完成。

最后，我带领大家宣誓。那是一个激情四射的现场，这次活动成为广东蜕变的一个爆破引擎。

第五，宁波大战。广东大区在燎原大会后士气大涨。2009年12月，我乘势带领深圳主动向"老冤家"宁波挑战。当时的宁波经理方杰号称"阿里战神"，带兵以"狠"著称，在历史上，深圳也从未战胜过宁波。

这是一场艰苦卓绝的战役，双方的业绩胶着了近30天。直到最后一天，我们才略超对手。我们的最终业绩是历史最高业绩的2.5倍，达到了3 150万元。

我们赢了，一场大的战役就是一次最好的团建。

经过这场大战，团队的精神面貌、凝聚力，以及领导者的个人能力都有了巨大突破，深圳从此崛起。

第六，龙岗战役。我在前文详细分享过龙岗战役，我在三个月内，让死气沉沉的龙岗一跃成为全国一流区域，并彻底活了过来。虽然我只在龙岗任职三个月，但那是我真正的职业高峰期，也令我至今难忘。

在带领深圳团队的过程中积累的自信和能力，被我完全应用到了龙岗团队。这才使一个刚刚受到重创的全国中等区域，经过思想团建、生活团建、目标团建，创造了历史最高业绩，并且在6月大战中战胜了"宿敌"番顺区域，成为全国第 4 名，从此进入了全国一等区域。龙岗的军魂完全被打造了出来。

这 6 件事，对于我，对于广东大区，都有非常重要的意义。通过深圳和龙岗的两场战役，我进一步验证了我的领导力知识体系，树立了更强大的自信心，同时也刺激和激励了其他区域，为之后广东大区的整体崛起埋下了伏笔。

总结

广东的业绩从 2010 年底全面超越浙江，成为全国标杆。之后，广东在 B2B 领域创造了大量的业务亮点和新的生态模式，为全国输出了一批又一批的管理人才。

这种强大的组织蜕变，一旦进入自我创造阶段，就会具有强大的驱动力。

复盘广东这场组织蜕变，我总结了以下 4 个关键点。

第一，始终在业务、人和组织这三者之间同时进行干预与调整，而不是单一变化，这是组织蜕变的关键。

第二，短期要有业务突破的核心抓手，长期要有模式的突破和人才的培养。"借事修人"，从文化的简单口号和愿景打造开始，落地具体行动，取得业务胜利和业务成果后，马上开始复制，推动下一轮模式和文化的升级。

第三，组织是一个强大的生命体，它有蜕变的生命周期，我们不能高估短期内的效果，但也不能低估长期带来的价值。

第四，组织的蜕变往往是从团队的蜕变开始的，团队的改变是从领导者的流动开始的，流动的关键是人，是具有强大领导力的人。文化和领导力是硬币的正反两面，在组织蜕变初期，领导者风格推动文化构建和架设，中后期由蜕变的文化定义领导力的标准。

战争启示录：打一场硬仗铸军魂

怎么抓住关键环节系统地准备一场战争，助力企业常打胜仗呢？

在阿里，被公认的阿里文化基因的核心在 B2B 团队，这个团队号称"阿里铁军"，也是阿里最早赚钱的部门。

在外界看来，这支神秘的队伍有着浓厚的军队文化。那么这支队伍到底是怎么作战的？有没有可以复制的方法？它靠什么凝聚人心呢？

有"西方兵圣"之称的克劳塞维茨在《战争论》中说："胜利源于所有物质和精神方面的优势总和，一场完美的战役也是基于此策划的。"所以，准备一场战争，需要在精神和物质两个方面下功夫。

我仍然用广东大区的案例阐述怎么筹划一场战斗，并拿到赢的结果。

大部分方法在前文已经提及，现在我把这些工具整合在一起，方便读者形成一个全面的认知。

我之前讲过，尽管广东大区的客户数和外贸市场潜力远超浙江大区，但由于广东销售团队比较保守，缺乏"狼性"，所以 2009 年之前，广东的业绩一直都是远远落后于浙江的。

2009 年，总部想要改变这种现状，就从浙江调了一批管理干部到广东，我也是其中一员。我们想要用一场战役宣布广东的崛起。到

2010年底，我们觉得时机已经成熟，就策划了一场和浙江大区的 PK。

筹划一场战斗，包括三个步骤：状态传递，资源盘点，大战策略。下面我详细介绍一下这三个步骤。

状态传递

状态传递是整个大战中最有技术含量的重磅戏，通常由道具传递、仪式传递、信息传递三个部分组成。

道具传递

我们通过实物实现"管心"，所以要布置一些与"赢"的状态相关的物品。

我们经常设置的有梦想业绩墙、挂旗横幅、英雄榜、战斗日志、衣服头巾、战斗手环、挑战书，甚至邮件签名和微信签名等。

如果有可能，可以请客户来给员工鼓气加油。比如，我们会请一些特别忠诚的客户参加启动会或者录一段加油视频，这些都会让员工信心倍增。

仪式传递

仪式传递是状态传递最重要的一环，可分为团队启动和文化游戏两个部分。

团队启动

团队启动分三步，第一步是规划团队建设。

我一直认为，一个能够"赢"的团队，本质是团结的团队，而团结的前提就是"裸心"。要达成"裸心"，一个很重要的方式就是团建。

我在前面讲过，团建可以分为思想团建、生活团建和目标团建。你可以根据团队的不同情况，选择不同的团建形式，也可以三者结合，以凝聚团队。

第二步，清晰地规划好团建方式后，就可以启动。提醒一下，不要忘记中后台人员，因为一场真正意义上的胜利，绝对不只是前线销售的胜利，而是前线和后方所有人集结在一起共同努力的结晶。

第三步，就是举办一场成功的启动大会。启动大会对整个战役的胜负至少有30%的影响。在这里，我无法事无巨细地告诉你怎么通过全面启动一场大会来彻底点燃所有人的激情，但可以分享一些规律性的东西：找寻放大荣耀和扩散痛苦的动力来源。从这两个动力来源中寻找战斗的理由，并结合音乐、视频和演讲等方式，将其传达给团队的每一个成员。

广东PK浙江的这场启动会就是我主持的，主要内容就是让大家立军令状，宣誓，鼓舞人心。

文化游戏

仪式传递中的第二个关键因素是文化游戏，这部分往往容易被一些"好战派"忽略，他们只盯着怎么达成目标，但忽略了人的基本需求。

设计一些有趣、好玩的游戏是非常必要的。游戏通常分为三类，分别是目标类、惊喜类和温情类。如果能将游戏与目标结合，先在内部建立竞争机制，就相当于一次很好的热身。这样既可以锻炼团队的作战能力，也可以给予他们即时反馈，形成持续激励。

信息传递

当战役开始时，不见得所有人都能够马上全身心投入。一般来说，大概会有 20% 的先行者、70% 的观望者和 10% 的懈怠者。怎么尽快让那些观望者加入战斗呢？

这时胜利成果和激励语言的及时传递就显得非常重要，最好是做到随时随地制造成功。方法有很多，如通过短信、微信、钉钉等工具传递战报，还可以每天进行简短的"晨启动""午启动"等。

资源盘点

"巧妇难为无米之炊"，如果没有资源，光靠喊喊口号是没有意义和价值的。

资源盘点至少要提前一个月准备，其中客户盘点是重中之重，客户盘点需要遵循以下三个原则。

第一，先易后难。老客户是重点，先把能够搞定的客户铺垫好，等到大战一开始，马上就可以有一个开门红，这对提升整个团队的信心很有帮助。

第二，先主后次。先收割那些核心的有影响力的客户，千万不要把时间浪费在那些有意愿但没有条件的客户身上，这是销售的大忌。

第三，先近后远。时间是大战期间最宝贵的资源，要从最近的地方获得战斗成果，而不要把时间浪费在那些过远的客户身上。

以上三条都要求团队平时就要做好客户整理和分级工作，这样才能在关键时刻有的放矢，筛选出核心客户。

我们当时对老客户和新客户进行了盘点。

对老客户进行盘点，我们没有像往常一样，只盘点近一两个月到期的客户，而是把第二年前9个月到期的客户都当作可以继续签单的客户进行了盘点。

我们将这些客户分为三个等级：第一级是3月之前到期的客户，这些客户是我们必须拿下的；第二级是6月之前到期的客户，这些是我们的重点客户；第三级是9月之前到期的客户，这些客户是我们计划到最后冲业绩的时候去拜访的。

真正大战的时候，你是不太可能获取新客户的。那个月我们只盘点了原来未签约的客户。我们把客户分为两个级别，其中A类客户有意愿、有条件，B类客户有条件、没意愿。这两类客户就是我们的重点开发对象。

大战策略

激励策略

重赏之下，才有勇夫。既然要打大仗，那么激励策略就必须和平时不一样。激励策略是对销售节奏的一种把控，也是销售目标分解的鼓点。

比如，一个月内要完成1 000万元的业绩，那么第一周起码要完成200万元的业绩。如果由5个人去完成，平均每人就需要完成40万元的业绩。这个时候，就应该奖励率先突破50万元业绩的人，而且必须重奖，这样大家就能看到激励和希望，从而引发群体效应。

我们当时选出了一个"尖刀连",主要是奖励那些能够最先拿到业绩的人,基本上前三天拿到业绩的人都要重奖,这样后面的人就会受到鼓舞跟上来。

如果鼓励大订单,那就要让激励成为一根指挥棒,侧重于对大订单的奖励。还可以更细分,分个人、团队、破单率、大订单、快枪手、业绩 TOP、破历史新高、某个业绩高点(如百万、百个客户数等),分别给予不同的激励。

重要的是,激励策略必须先宣布,后实行,而且越快兑现,激励效果越佳。同时,激励策略必须贯穿战争始终。

还要谨记激励的三大原则:激励自己;融入情感;懂人心,通人性。

促销策略

如果没有特殊的促销策略相配合,员工对拿到远高于平时的业绩会缺乏信心,客户也没有动力买单。大战时,"战士需要你提供弹药支持",不仅是口头上的,还要用比平时更大力度的促销活动来释放战斗力。你要拼业绩,最终还是要有客户来买单,所以你要让客户感受到你这个月的政策跟其他月份不一样。

在促销策略的设置上,要谨记两点:一是简单,能够一句话讲清楚的方案才是好方案;二是能复制,促销策略应该适用于大多数客户。

当时我们考虑到既然是要拼大业绩,所以重点就是大订单策略。我们针对签单额在 20 万元以上的客户,设立了一个行业龙头扶持计划,在很多方面给予他们扶持。我们还推动网商会的建立,为客户搭建一个沟通交流的平台,让他们能够互相影响。

战斗策略

战略战术有很多，我给大家介绍一种叫"局部战役"的策略，属于大战中比较高级的打法，意思就是在一场大战中打一些为期一两天的小战役。这非常有价值，其意义在于：第一，打造临时舞台，制造英雄和胜利；第二，拉起小高潮，突破极限，延续士气和状态；第三，创造紧迫感，推动整体氛围；第四，把控销售节奏，刺激兴奋点；第五，战争中的策略调整和资源整合。

当时，我们用了一个非常好的局部战役策略，叫"捉对厮杀"。广东和浙江都有13个区，所以我们内部分工就是一对一死盯对方。比如深圳区域就盯着宁波区域，广州区域就盯着温州区域，这样广东每一个区域的目标都非常明确。

你想想，大区与大区之间PK，如果区域目标不聚焦，就没有一个对标的对象，不知道自己区域的业绩在整个大战里处于什么位置。浙江就没有采取这个策略，所以他们的目标有点散。

我们还推举出三个头部区域，大肆宣传，使得浙江把关注点都集中到这三个头部区域。

最后的结果是，三个头部区域的PK，浙江赢了两个，广东大区只有我带领的深圳区域赢了。

因为浙江把注意力都放三个头部区域，对其他十个区域重视不够，结果是，我们有7个区域赢了，6个区域输了，但在总业绩上还是赢了对方。

当然，在战斗中，结合团队情况和业务目标，你可以将多个策略结合起来使用，也需要根据对手和战斗情况，适时调整战略。

以上就是我通过总结阿里多年的战争梳理出来的一些经验。

其实，这种"带兵打仗"，跟在真正的战争中指挥作战没什么差别，都需要以下三点。

第一，快速明确的反馈：要盯结果，对于团队的表现，要快速给予反馈，做出奖惩，让成员知道自己的行为是否正确。

第二，及时积极的跟进：要盯过程，对于过程中的重要事件和节点，要及时了解，做好检查和监督的工作。

第三，清晰分明的奖惩：战斗过程中和结束后，都要有奖惩，结束后要复盘，清晰地告诉团队，你鼓励什么样的行为，团队需要什么样的人。

真正的将军都具有非凡的人格感染力、威信力和统率力，他能够激发身边无数的普通人，将其培养成像他一样勇于冲锋陷阵的战士。

只有战场才能让一个人成为将军，所以带着团队去战斗吧！无所畏惧，勇往直前！

第六章

企业文化：集体人格的形成

用企业文化统一思想，就相当于统一员工行为背后的驱动力，借文化塑造员工的集体人格。

企业文化是一群人的集体意识，是不需要思考就表现出来的思维和行为方式。文化同样也通过群体的共有规范，来指导和约束群体成员的行为。用企业文化来统一思想，就相当于统一员工行为背后的驱动力，这是最高效的方法。那么企业是如何通过文化的提炼和打造，来塑造全体成员的集体人格的呢？

企业文化的几个关键词

什么是企业文化呢?要更好地了解企业文化,我们先要定义什么是文化。

余秋雨对"文化"有个定义,我觉得非常好。他说文化是一种成为习惯的生活方式和精神价值,最后的成果是集体人格。我认为,把这句话中的生活方式换成经营方式、工作方式或管理方式,就成了企业文化的定义。企业文化就是一种变成习惯的经营方式、工作方式(或管理方式)和精神价值,它的最后结果就是企业人格。

被称为"企业文化之父"的埃德加·沙因对企业文化有个更学术化的表述。他认为,企业文化是一个群体在解决其外部适应和内部整合问题过程中一系列共享深层假设的集合,它们在群体中运行良好、有效,因此被群体传授给新成员,并作为其解决类似问题时感知、思考和情感体验的正确方式。

可以看到,企业文化是在解决外部适应和内部整合问题的过程中形成的某种共识,并且是经过验证的。

要更好地理解企业文化的定义,我们需要先理解它的几个关键词。

第一个关键词:外部适应问题。外部适应问题指的是企业适应外部,与外部交互的方式。比如提供的产品和服务、品牌、营销等,所有跟外部市场、客户交互的方式，都代表企业的外部适应。此外，企业还要面对政策、环境等改变的问题。所以，外部适应既有小的适应，也有大的适应。

第二个关键词：内部整合。内部整合是指组织系统的打造，包括组织设计、组织结构、员工成长和培训、奖惩体系、绩效管理、流程、制度、创新管理、变革管理等，这些都是关于内部整合的问题。

第三个关键词：共享深层假设的集合。

什么叫"深层假设的集合"？举个例子，有一首歌我相信大家都听过，叫作《我是一只小小鸟》，里面有一句歌词，叫"也许有一天我栖上了枝头，却成为猎人的目标"。这里面就有一个对于假设的相信，就是"枪打出头鸟"。还有一句是，"我飞上了青天，才发现自己从此无依无靠"。这句话背后对于假设的相信就是"高处不胜寒"。这种对于假设的相信，被我们称为"信念"。"深层"就是无意识的，是你不需要思考就表现出来的行为方式和思维方式。深层假设的集合就是无意识信念的集合。

"共享"其实是相对于个人来说的，共享假设不是共有假设，共有是共同拥有，而共享是我们可以选择在某个时间和环境中同时拥有。所以企业文化对人的行为有很大的影响力。比如阿里新来了一个员工，之前在某大型房企工作，养成了开会一定要穿西装，一定要提前15分钟到场，一定要做笔记，一定要准备好才能发言的习惯。但是开了几次会之后，他发现大家都穿得很随意，开会都是提前两三分钟才陆续到场，开会时大家可以即兴发言，于是他也会很快跟着改变。企业文化就是这样一种群体认同，它能很快对新成员产生影响。

用比较通俗的话来说，企业文化就是企业在面对外部交互和内部整合问题过程中形成的被证明有效的经营方式、工作方式（或管理方式）和精神价值，其背后是全体员工共享的信念。

企业在建设文化的时候，到底需要提炼哪些内容？很多人认为企业文化就是使命、愿景、价值观，其实文化远不止于此。文化是处理企业经营活动中各种假设的定义，因此越是容易有争议和矛盾的地方，越需要把假设定义得清楚明了。其实，清晰的文化彰显了组织的边界，并作用于取舍。

在企业里，最大的取舍就是做什么和不做什么。当我们讨论战略的时候，其实就是在选择做什么、不做什么。使命也是如此。企业文化涵盖的范围很广，大到使命、愿景、价值观，也可以很小，小到比如规定同事之间如何送红包。

我进阿里巴巴的时候30岁，已婚。进公司一年多后，我收到了一张请帖，心情有点复杂，因为我盘算了一下：当时我所在的阿里巴巴B2B金华分公司有87个员工，其中7个已婚，80个未婚。这意味着接下来还有79张请帖等着我。江浙送礼都比较重，往往是1 000元起步，如果一个月收到三个"红色炸弹"，那这个月就没法活了。所以我一直在纠结到底要不要去，去的话要送多少钱。

婚礼前一天，我的主管非常热情地给我打电话，说他可以顺道带上我去参加婚礼。我那时候仍在犹豫，想找理由推脱，主管一句"不就是200块钱嘛"让我一下子看到了光亮。那时候我才知道，原来公司有规定，同事结婚最多送200元，100元也可以。

哪怕是细微到同事结婚送红包这样的小事，阿里都把它变成了一种文化。如果企业不去定义这样的事，就会发现在碰到这类事时处理起来会很微妙。

如果有些事情不去定义，可能会出现什么情况呢？

让我们来想象这样一个场景：你是一家分公司的总经理，总部有位领导来你这里视察，请问你要不要接送？如果公司没有明确规定不准接送，你就一定是要接送的。发现没有，有些事情一旦没有规定，在背后起作用的，往往是宏观文化。在中国的文化习惯中，我们将礼尚往来、长幼尊卑作为基本的礼节。如果公司没有明确规定不准接送，那么对上级领导就必然是要接送的。

再比如，要不要请领导吃饭，饭钱由谁来付，是公司还是上级，还是你？你会发现，这一连串动作的取舍都是由文化来决定的。当企业没有对某个事情进行定义，或者定义得不清晰，就会由其他文化来定义。企业在建设文化时，不能忽视这类细节。

我们继续上面的案例，如果公司对于请领导吃饭没有专门的报销预算，怎么办？那就很可能是你以个人名义请总部领导吃饭，那么等到下次当你需要向这个总部领导申请资源的时候，这位领导很可能不好意思拒绝。就这样，慢慢地，就有可能在企业形成一个寻租体系，并且进一步升级，变成一个默默运行的官僚文化体系。因此，不要小看一言一行的点滴之事对于文化构建的作用。

假如企业不定义以客户为中心，那么通常企业里就会以领导为中心，这是一个很有意思的现象。在企业文化没有清晰定义、不作业的领域，宏观文化就会接手并发挥作用。但是宏观文化，有好的部分，也有不好的部分，这个不好的部分往往会跟企业经营想要达到的效果对立。

阿里的做法是尽量对细节问题做到清晰定义。比如，对于领导来了是否要接送这个问题，阿里 B2B 的规定是，任何公司总部来的领导一律不接不送；一起吃饭，付款方式只能二选一，一是 AA 制，二是由职位最高的人请客。

　　企业文化本身并没有好坏之分，重要的是，它是否定义了每一个与企业经营、管理直接或间接相关的模糊不清的领域。当然，在很多情况下，这些规则和制度都是在解决因没有清晰定义而产生的问题的过程中总结、提炼出来的，用于指导处理未来可能发生的类似情况。所以，文化的工作是没有办法一次性做完的，而是每隔一段时间，比如半年或一年就要复盘一次，增加或删减一些规则和条例。再长一点时间，比如三五年，可能就需要对价值观进行修改，对于核心价值观的诠释也可能改变。

个人假设和共享假设

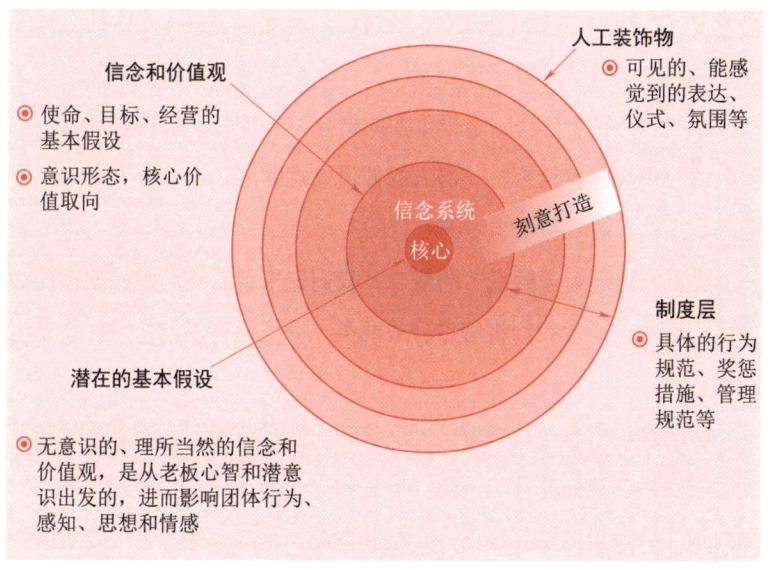

信念和价值观
- 使命、目标、经营的基本假设
- 意识形态,核心价值取向

人工装饰物
- 可见的、能感觉到的表达、仪式、氛围等

信念系统 核心

刻意打造

制度层
- 具体的行为规范、奖惩措施、管理规范等

潜在的基本假设
- 无意识的、理所当然的信念和价值观,是从老板心智和潜意识出发的,进而影响团体行为、感知、思想和情感

企业文化的洋葱模型

由上图可以看出,企业文化的洋葱模型一共有4层,最里面的一层叫作核心层,对应的是潜在的基本假设,即无意识的、理所当然的信念和价值观,是从老板的心智和潜意识出发的,进而影响团体的行为、感知、思想和情感。第二层就是信念和价值观,如使命、目标、经营的基本假设、意识形态,以及核心价值取向。第三层是制度层,

指具体的行为规范，如奖惩措施、管理规范等。第四层是人工装饰物，指可见的、能感觉到的表达、仪式和氛围等。这四层中，唯有核心层是打造不出来的，是从老板个人的心智出发的。其他三层都需要企业刻意打造。

老板是如何对企业文化产生影响的？

企业打造文化的过程，是从创始人的心智模式出发，打造员工的思维方式、行为方式和语言方式的过程。因此，了解一个人的心智模式是如何形成的就显得非常必要。

在本节，我要解释一个很重要的概念——假设。假设是什么？一个人的假设意味着什么？一群人的假设又意味着什么？假设是如何影响一个人的心智和一个组织的心智的？

要更好地理解"假设"的概念，我们先来看看我们是如何接受和输出信息的。通常我们将信息分成两类，一类是客观信息，一类是主观信息。

所谓客观信息，是指信息所反映的内容具有不以人的意志为转移的客观属性，比如花开、下雨。但是同一个客观信息，经过不同人的脑海运作后输出的结果却不一定是相同的。比如一朵花开了，有人会觉得这是美好的事情，但可能在另外一个人看来，这是一件悲伤的事，因为花开之后就会有花落。同样，下雨天，有人听到滴答滴答的声音觉得好舒服，可以安然入眠。也有人觉得下雨天好难受，湿漉漉的。客观事物进入每个人的脑海后输出的结果是不一样的。

我们之所以形成这些不同的主观判断，是因为我们的大脑里有一套信念系统，它就是我们的心智模式。信念系统就是诸多信念的集合，这些信念是在个人的成长过程中一次次累积形成的，以假设的形式存在。因此，信念就是对假设的相信。比如"秀才遇到兵，有理说不清"，如果你相信这句话，那你就是相信它背后的假设，即秀才是讲道理的，而士兵是不讲道理的。由这两个假设还可以推导出一个更深层次的假设，那就是两个不同领域的人是很难沟通的。

再来看一个例子，没有玫瑰花是不长刺儿的。这句话的背后就存在两个假设，表面假设是玫瑰花一定是长刺的，其背后的深层假设是，因为玫瑰花是对美好事物或者爱情的一种隐喻，所以美好的事物一定是有瑕疵的，不是能够轻易获得的，美好的爱情是需要付出代价的。其实，一个人的观点会反映其信念系统里的假设。

这些个人信念系统里的假设直接决定了个人的行为。比如，相信学习不是那么容易落地、随便学学就好的人，很可能学完之后什么都不会做。相信学习只要学到一个点就够了，把这个点拿回去用就值回票价的人，学完之后起码会做一件事情。相信学习是可以落地的人，做的事情则会更多一些。所以假设决定了我们的信念，信念决定了我们的性格，性格决定了我们的行动，行动决定了我们的命运，决定了我们的人生结果。

那么，一个人的信念是如何形成的呢？

第一，本人的经历。信念的形成不仅靠时间累积，也与强度有关。有句话叫"一朝被蛇咬，十年怕井绳"，当强度足够大时，信念也是可以瞬间养成的。

第二，通过观察别人。你不需要自己被蛇咬，只要看到别人被蛇咬了之后很痛苦，就会害怕井绳。

第三，被信任的人影响和灌输。价值观对人的行为影响最大。青少年时期是价值观形成的关键期，在这个阶段，对青少年影响最大的就是父母和老师。

第四，通过自我思考做出的总结。我们的原有信念在面对新问题和情况时，如果被证明不可行，我们就会去学习、思考和总结。这也是人类不断拓展自己认知的重要方式。

所以，个人信念形成的过程就是建立个人假设的过程。而打造企业文化，就是要建立一群人的共享假设。

共享假设与个人假设相比，最突出的特点是比较容易改变，因为共享假设并不是共有假设，共有是我们共同拥有，而共享是我们可以选择在某个时间和环境中同时拥有，就像一位企业家曾说的，与其统一人的思想，不如统一人的行为。

组织中的共享假设是如何形成的呢？我们来看这样一个例子。

某公司成立不到一年，近6个月销售额逐渐下降。老板说："我们必须加大广告宣传力度。"开会讨论时，大家将信将疑，都表达了自己的观点，最后没有形成统一意见，会就结束了。原因是什么？就是大家对于加大广告宣传力度能否提升销售额没有共同认知。

假设老板最后采取了加大广告宣传力度的措施，并使得整个公司的销售额节节攀升，那么等到再次遇到销售额下降的问题，大家讨论的时候，就会主动倾向于加大广告宣传力度。如果采取这个措施后仍然见效，那么等到第三次销售遇到瓶颈时，大家的讨论结果就不言而喻了，肯定还是加大广告宣传力度，因为这个时候共享假设已经形成。

总结起来，共享假设的形成主要有四个途径：第一，组织创始人的信念和价值观；第二，团体成员的共同学习经历；第三，团体取得成功后共享成功假设形成的信念；第四，新成员和新领导所带来的新信念、新价值观。其中，最重要的是第三点，因为中小企业平均存续时间通常只有 1.7 年，也就是说，创建者能给组织争取的时间平均只有 1.7 年，如果没有带领企业走向一个阶段的成功，就很难再让员工围绕在你周围。

因此，组织文化的定义包含三个内涵：它是一群人的共享假设；它是一群人的集体意识；它是不需要思考就能表现的思维和行为方式。

文化对一个团体而言，其意义就如同人格或性格之于个体，我们可以看到行为的结果，但是我们通常不能看到特定行为背后的驱动力，正如我们的人格和性格指导并约束着我们的行为一样。文化同样也通过团体的共有规范指导并约束一个团体成员的行为。

衡量一个企业的文化有没有价值的唯一标准，就是看它对业务有没有驱动，没有驱动力的文化就没有生命力。共享假设本质上没有所谓的对与错、好与坏，但有一定的标准。

最简单的一个问题：员工、股东和客户，到底应该怎么排序？这个问题其实是没有标准答案的。但是如果你为它们排序，那么企业里所有的制度和流程都要按照这个顺序设置，并且一以贯之。一旦有所偏差，员工就会产生怀疑和动摇。

在中国有一家做得很好的餐饮企业，倡导的是员工第一，它就是海底捞。创始人张勇认为，只要公司领导让员工的感受好，员工就会让客户的感受好。所以海底捞提供的产品中有一个很重要的产品就是"服务体验"，这对于服务型企业是很重要的。是谁提供了服务体验？不是店长，也不是背后所谓的中央厨房，而是一线的服务员。所以海底捞提出要让一线的服务员感受到尊严，只有让他们有尊严，他们才会平等地面对客户。而当他们能平等地面对客户的时候，他们就可以把客户当作朋友，展现出人性最本质的快乐，实现人与人之间友好相处。

所以，海底捞把员工放在第一位。

在市值千亿的公司里，人均学历最低的可能就是海底捞，这是很难得的。如果你的商业模式，对员工的综合学历要求并不高，又很强调客户体验，而这种客户体验又是你的产品的一部分，我觉得可以借鉴一下海底捞的模式。

再看华为，它是一家以服务大企业为主的企业，所倡导是完全不同的假设——以客户为中心，所以它的原则是客户第一、员工第二、股东第三。它甚至提出要眼睛盯着客户，屁股对着老板。

以服务小企业为主的企业，比如阿里巴巴也把客户放在第一位。虽然阿里人一直抱持这个信念，但正式提炼这个观念的人是阿里巴巴早期引入的"空降兵"邓康明。他原来是强生人力资源的高管。无独有偶，强生是《财富》世界500强企业中极少数率先提出"客户第一、员工第二、股东第三"的企业。

2019年10月，在美国商业圆桌会议上，包括苹果、亚马逊、波音和通用在内的181家美国大企业的CEO共同签署了一份声明，对"企业的目的"进行了重新定义：企业的目的不能仅仅代表股东的利益，而应该更重视履行企业对于消费者和社会的责任。该宣言某种程度上是用"客户第一"取代了"股东第一"的理念。据说这是美国商业史上首次摒弃"股东第一，追求利润最大化"的经营理念。

所以，本质上，信念没有对错与好坏之分，管理上的很多问题从来都没有标准答案，只有最佳实践案例。哪个企业崛起了，市值越来越高，客户满意度越来越高，就会有很多企业去学它。这也就是为什么我提出一定要借鉴行业标杆的实践。你不一定要完全同意它们的做法，但是你需要知道它们存在的原因是什么，它们是如何构建自己的假设的。同时，你必须关注外界环境和时代的变化，技术的迭代和颠覆，这些都会影响企业的经营方式。

我们再思考一个问题：一家公司在开会的时候，成员多次打断别人的讲话，而且表达意见的时候有情绪，喜欢辩论。如果这件事情能够给组织带来价值且持续发生，那么这群人身上可能会有一种什么样的共享假设？

我认为，他们的共享假设可能是这样的：只有经得起质疑的想法才值得去实施，只有经得起详细审查的想法才会被执行，每个人都有真实、直接表达自己意见的权利，可以直言不讳。

这个总结的过程就叫作提取，通过现场观察提取一群人背后的共享假设。但这个共享假设还不是企业文化，它还没有被萃取成企业文化，所以我们还需要做一件事——淬炼，就是把这段话浓缩成一句朗朗上口的表达或者一个行为规范，它们是比共享假设高一个层次的倡导和宣扬。

文化和价值观是扬善的，制度是保障"扬善"的，所以企业文化和价值观要求在现有行为的基础上进行提取和淬炼，提出更高的行为标准。这个行为标准可能是这样的：在决策前充分讨论，在决策后坚决予以执行，"直言有讳"。这句话隐含的假设是：长此以往，直言不讳会影响员工彼此之间的情感，所以在决策前大家可以直言不讳，充分探讨，但是决策之后就要坚决执行，"直言有讳"。这就是建设企业文化的过程。

企业文化的提炼过程是这样的：一群人相信共享假设，进而确立企业行为规范，并慢慢将其升华为相信更大的目标、使命和愿景。这必定需要一个过程，让人们从相信阶段性目标到相信更远大的目标。

在这个过程中，企业文化可能出现 4 种断层。

第一，企业成员有共同的经验，但是共享假设没有被提炼出来。有些企业已经创办好几年，但是它们的企业文化仍然只有写在墙上的几句标语。所以当企业发展到一定程度，如果文化还没有成为企业发展的另一个动力引擎，企业的成长和发展就会面临阻碍。

第二，企业对共享假设进行了提炼，但没有基于组织成员的共同经验。有一家企业的老板和高管在开完文化价值观共创会之后，决定全盘照搬阿里的文化价值观，一字不落。要知道，这家企业已经成立 20 多年，有很多宝贵的经验，为什么不从中提炼自己的企业文化，而盲目抄袭别人呢？这样的企业文化，在源头上就存在问题。因为对这些假设的提炼，不是来自成员的共同经验，既没有事例来证明其有效，员工对其也没有感觉。

第三，有源于共同经验的共享假设，但是没有建立制度保障。比如某企业最初依靠创新能力成功，而且企业在初创时可能只有几个人，吸引的往往也都是同类型的人，所以仅凭创始人一个人就完全能够带动其他人进行创新。但是等到企业发展到 100 人、1 000 人时，就没有办法仅仅依靠个人的影响力带动其他人进行创新了，这时就需要通过制度来保障创新能力的传承。问题是该企业并没有建立相应的制度保障创新，也没有建立相应的机制激励创新，更没有用固定的仪式宣扬创新的重要性。这家企业的创新很可能就止于最初创业时的那几个人，向其他人的延伸微乎其微。

第四，企业成员有共同的经验，也提炼出了共享假设，但不是基于共同的成功和胜利。比如，企业一直打败仗，但是创始人意识到了文化的重要性，要开始打造文化。其实，这并不是一个恰当的时机，因为在这种情况下跟员工讲文化和那些虚拟的假设，是没有说服力的，员工是不会相信的。

只有建立在共同的成功经验之上的假设才是最有说服力的，因此，提炼企业文化的最佳时机就是在打了胜仗之后。

取得阶段性胜利之后，领导者从"实"的业绩中提炼出"虚"的理念，并把它们融入企业文化，讲给员工听，这就叫作信念显化。当这些信念变成共同信念之后，就要制定相应的行为规范，让员工坚持。等到员工开始相信信念的力量，我们就可以提出更大的目标。不要在一开始就跟员工讲使命、愿景，这些对他们来说太遥远了，因而很难一下子接受。要等到你带领团队取得胜利、完成阶段性目标之后，再去和员工谈使命和愿景，这需要一个过程。

使命、愿景和核心价值观

提起企业文化，大多数人首先想到的就是企业的使命、愿景和核心价值观。这几个词大家耳熟能详，但它们在企业文化中到底有什么价值和作用？

我们先来看一些企业的文化。

苹果：苹果的使命是用科技改变世界，愿景是成为全球企业领袖。从它的表述方式来看，企业的使命解决的问题是要做什么事，愿景是做到什么地步。

腾讯：2019年，腾讯将使命、愿景合二为一，变成"用户为本，科技向善"。它原来的使命是通过互联网服务提升人类生活的品质，愿景是成为最受尊敬的互联网企业。

阿里：使命是让天下没有难做的生意，愿景是成为一家活102年的好公司，到2036年，服务20亿消费者，创造一亿就业机会，帮助1 000万家中小企业赢利。

可以发现，这三家公司的使命有一个共性——利他，都要做对别人有价值的事情，为客户创造价值。

从中我们可以发现，使命基本上要么跟世界有关，要么跟人类有关，格局特别宏大，同时是利他的。而愿景都是和自己有关的，"成为全球企业领袖""成为最受尊敬的互联网企业""活102年的好公司"都是利己的。因此，我们可以这样理解：使命是一个利他的目标，愿景是一个利己的目标。

创始人的个人使命和企业使命之间有什么关系？是约等于、大于，还是小于？

这是很多创始人没搞明白的一件事。

很多创始人都认为自己的个人使命就是企业使命，其实不是。个人使命和企业使命之间有本质的区别。

约翰·肯尼迪在访问美国宇航局太空中心时，看到一个拿着扫帚的看门人，于是他走过去问这个人在干什么，看门人回答说："总统先生，我正在帮助宇航局把一个人送上月球。"我们认为这样的人是有使命感的，是有利他精神的。

但是如果有一天，这个看门人想："既然大家这么认同，我就找100个扫地的人联合起来成立一家清洁公司，然后说公司的使命是把人们送上月球。"你肯定会觉得他很不靠谱。

这里面有一个很有意思的现象：当一个个体认为他的使命是把人送上月球时，我们会觉得他很有情怀，很有使命感。但如果一群人认为他们的使命是把一群人送上月球，我们反而会认为他们有点荒唐。这是为什么？

其实，个人使命向企业使命转化的过程中，有一个群体是我们绝对不能忽视的，那就是客户。当客户不认同你提供的价值和服务时，你的企业使命就变成个人自嗨了。

因此，企业使命并不一定是领导者或者老板的个人使命，个人使命有的时候是基于对个体价值的判断，而企业使命是企业的产品或服务在与客户和市场不断碰撞、互动的过程中，共同孕育出来的对客户价值的共识。这才是关键。我们当然可以从创始人的个人使命出发，探索为客户创造价值这件事，但最后企业的真正使命一定是客户和企业共同创造出来的。

马云在阿里巴巴成立 20 周年的时候说了一段心里话："我在刚开始创业的时候，别人就说我会忽悠。那个时候，我也认为我确实忽悠了很多人，但是今天我看到忽悠的结果很欣慰，因为我忽悠的结果是让员工赚到了钱，我忽悠的结果是让很多原来并没有资源、没有人脉的创业者在互联网上取得了成功。我觉得很庆幸，我忽悠的使命就是让天下没有难做的生意。"

可以看到，马云的个人使命在变成企业使命的过程中得到了客户的认同，所以马云的个人使命和企业使命之间就画上了等号。如果他的个人使命没有得到客户的认同，那就是一种自嗨，就需要重新出发寻找企业的使命。

企业使命和部门使命

那么部门使命和企业使命之间有什么关系呢?部门使命是帮助团队成员找到共同的工作意义和价值,是企业亚文化的重要组成部分,必须服务于企业使命。

使命、愿景都是一层层往下传递的,传递的过程也是文化落地的过程。

比如阿里,它的使命是让天下没有难做的生意,愿景是活102年,成为分享数据第一平台、幸福指数最高的企业。

阿里B2B事业部广东大区的使命是"粤十年,粤天下",愿景是成为集团人才基地,成为员工价值绽放的平台,人均产值500万元。

B2B事业部广东大区下面的广州区域的使命是"乐活广州,精彩绽放",愿景是"亿立广州,月月千万"。广州区域下设某支战队的使命则是"让人人成为KP(关键人)",愿景是"每个人能力提升,价值绽放;每个人能够自主运营商圈;健康完成年度2 000万元业绩"。

可以发现,上一层组织架构的战略目标或者绩效目标有可能成为下一级的使命,因为不同的组织层级,需要的视野是不一样的,比如企业CEO需要看到未来十年的规划;向CEO汇报的部门,需要看到3~5年的战略目标。再往下,我们可能就需要用绩效来连接。所以,在使命和愿景之间、上级和下级的组织架构之间，用绩效来连接，这样就实现了虚实结合。

通过将使命、愿景进行层层分解和传递，团队内部、上级与下级之间能够实现更紧密的连接。再利用绩效考核制度，保证目标最终落地。

我经常讲这样一句话——任何团队都是为第一而生的。这个第一绝不仅仅只是业绩第一，你还可以为团队找到其他维度的第一，从而构建部门的使命。

比如，某公司有6个销售大区，其中只能有一个是业绩第一，那么其他大区应该如何构建自己的第一？这就需要找到不同角度的第一，可以是客户运营的深度第一、服务第一，也可以是增长率第一。负责人只有找到不同角度的第一，把它作为团队目标，团队成员才会更有斗志和信心去跟随，因为"我们正在创造和别人不一样的第一"。

当其他5个销售大区都在考虑不同角度的第一，并为这些目标努力的时候，企业的文化就开始鲜活起来，属于各个销售大区的亚文化开始诞生，这就意味着文化开始慢慢往下长了。一旦文化开始往下长，就必然会对上面的组织文化产生影响。

阿里的一些高管会说："文化不是设计出来的，而是长着长着就出来了。"这句话既对，也不对。文化确实是从上往下长，同时也需要企业建立能够让文化自下往上长的机制。如果企业不去推动部门和团队创建亚文化，就不会形成这样的土壤。

文化必须层层传递，第一步就是从使命和愿景开始。使命和愿景确定的是我们和系统的关系。如果是一个企业，那么需要考虑的是企业与国家、与人类、与世界的关系。如果是一个部门，要考虑的则是部门与企业之间的关系是什么，在企业里部门的身份是什么。

比如，我曾经带过一个培训团队，我们的使命是让组织充满爱、活力并成长，愿景是成为组织发动机，战略目标是成为企业中的最佳业务伙伴。最后我根据使命、愿景和战略目标，提炼出了"将心比心，一起打拼"的口号。

对于文化口号，需要明确两个原则：一是 T 恤原则，就是口号可以印在 T 恤上变成文化衫，读上去朗朗上口；二是必须有力量，可以传递企业的价值观。这样可以让员工对于使命、愿景有更直接的记忆点，将它们更好地融入工作。

部门文化是企业亚文化的重要组成部分，但是部门使命必须服务于企业使命，其目的是帮助团队成员找到共同的工作意义和价值。

比如在阿里，每一个业务板块都有自己的亚文化：阿里 B2B 的亚文化是开放和简单，淘宝的亚文化是小二文化、武侠文化和倒立文化，阿里云的亚文化是工程师文化，支付宝的亚文化是严谨，是因为信任所以简单。在这些亚文化之上，有一个具备普遍价值的文化，也就是阿里在 2019 年 9 月发布的企业核心价值观——新六脉神剑。

当企业中的每个部门、每个分公司、每个业务单元，都在考虑自己的使命和愿景，都在做利他的事情时，文化就会开始生根发芽，开始自下而上地生长。文化的打造，应从使命、愿景的层层落地开始。

我是一个历史迷，跟大家分享一个故事，是电视剧《大秦帝国》里的一个片段，非常精彩。

秦孝公继位的时候，年仅 21 岁，面对的形势是秦国国力渐弱，备受六国冷落，所以他想要富国强兵，雪其国耻。这是秦孝公的使命，也是秦国的使命。如何让这个使命达成呢？秦孝公想到了变法，变法就是秦国的愿景，这就叫作使命愿景化。那么，再进一步，变法中最重要的一件事情是什么？这就涉及战略问题，秦孝公选择了实施开府领政制，这一步也叫愿景战略化。但是要实施开府领政制，秦孝公又不得不面对一个难题：由谁来主导这件事？哪里能找到可靠的人？所以秦孝公颁布了求贤令。

通常企业在实施变革战略的时候，经常面对的就是人才问题。如果企业靠原有的人才就能够实施变革，那可能早就实施了。当然，原因可能是多种多样的，可能是因为能力问题，也可能是有能力者作为既得利益者，不愿意变革。因此，在制定战略之后，下一个要面对的问题往往就是招人。这也就是战略决定组织。

秦孝公很幸运，他找到了商鞅。之后他又跟商鞅定了一个小一点的目标，即绩效目标——一个月内实施开府领政。秦孝公还将自己培养的两个心腹大臣派给商鞅使用。

从富国强兵、雪其国耻到一个月内实施开府领政，可以看到，秦孝公是一个非常厉害的管理高手，他在将目标从使命经愿景、战略目标到绩效目标层层落地的过程中，思路非常清晰，而且很好地解决了其中的难题——人才缺乏。他不仅招到了合适的人才，也向人才提供了必要的资源支持。

在现实中，很多企业普遍存在这样几种情况：愿意变革，但是不愿意求贤；或者愿意求贤，但是不愿意不拘一格录用人才；或者愿意不拘一格录用人才，但是没有向人才提供资源支持。这样的企业需要反思。

一旦绩效目标定好之后，就会涉及绩效管理，根据绩效决定晋升、淘汰和奖惩等，也就需要建立相关的制度。这就叫作绩效制度化。要保证制度能够流畅运行，就要把制度细化成流程，流程不能依赖人的管理，而要依赖数字化管理，这就叫作流程固化。

可以看到，从使命、愿景到战略目标、绩效目标，这一系列远期、中长期和短期目标之间是整体联动的。使命要愿景化，愿景要战略化，战略要组织化，组织要绩效化，绩效要制度化，制度要流程化，流程要固化，这就是使命、愿景的层层落地。

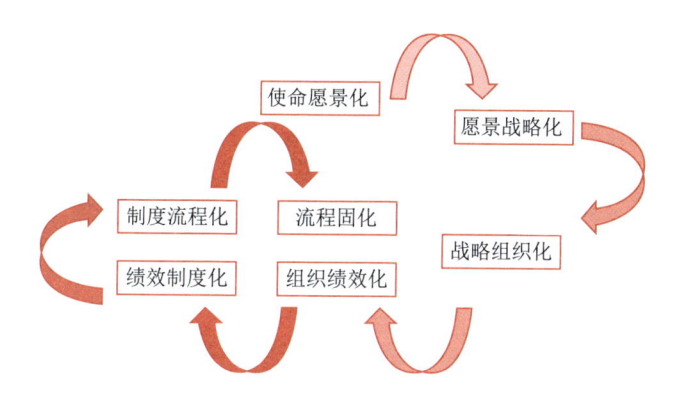

使命愿景化　愿景战略化　战略组织化　组织绩效化　绩效制度化　制度流程化　流程固化

企业文化绝不是虚的，如果你觉得它是虚的，那是因为你没有把它纳入整个公司的联动机制。

企业在不同阶段打造文化的方式

企业在不同阶段打造文化的方式是不一样的。

发展阶段	0~0.1 （价值打磨期）	0.2~1 （实验复制期）	2~10 （扩张期）	11~100 （衍生期）	101~N （变革期）
打造形式	影像留存	八大工具	信念制度	三圈协同	业务重组
文化关键词	无序生长	活色生香	融合统一	自下而上	变革重生
组织关键词	团伙乱仗 各逞其能	团队战役 模糊分工	组织化战争 职能制	多元生态 化矩阵， 事业部	动荡整合
共享假设	原始价值观	战略目标	使命，愿景 核心价值观	基本假设	变革期假设

企业发展阶段和文化的关系

　　企业的初创期，我将其称为 0~0.1 阶段。处于这个阶段的企业提供的产品和服务还没有得到市场与客户的认可及验证，企业最主要的工作还是打磨产品和服务，即打磨为客户和市场提供的价值，所以我们把这个阶段叫作价值打磨期，对应的文化打造方式是影像留存。

　　这个阶段，企业不需要提及文化的概念，也不需要和员工谈使命、愿景。作为老板或者相关负责人，你要做的是把一些有纪念意义的事情记录下来，比如第一个办公室、第一个客户、第一张订单、第一次客户来访等，照片或者视频都可以，未来可以把它们变成故事对新员工宣讲。不要等到企业上市敲钟的时候，才发现创业阶段那些很珍贵的东西都没有留存。没有留存就没有回忆，就会消失。

这个阶段的文化关键词是"无序生长"，因为这个时期的组织特点是"团伙乱仗，各逞其能"，即团队成员分工混乱，大家都在努力发挥全部才能。在这个阶段，创业者性格中散发出来的对组织有帮助的一些特点，比如强调分享、大气、有目标感，将会成为企业最原始的价值观，成为企业文化的雏形。

企业发展的第二个阶段是0.2~1阶段，我把它叫作实验复制期，意思是这个阶段的企业，提供的产品和服务经过市场验证，开始规模化生产，市场也在拓展，但是还没有提炼出对客户和社会明确的意义与价值，还没有能力利他，更多考虑的还是利己。所以，这个阶段的企业，先确立一个战略目标就可以了。这个阶段的企业组织特点是"团队战役，模糊分工"，所以需要考虑团队之间的交互方式和相处方式。对应的企业文化关键词是"活色生香"，要打造一种比较好玩、有趣的团队文化特质。

等到企业发展到扩张期，即2~10阶段，开始出现职能制。一旦出现职能制，部门墙也就开始出现，组织冲突也就开始出现，组织会变得和原来不太一样。很多企业之所以不能从这个阶段跨到下一个阶段，就是因为对组织的理解不够。在这之前，企业的发展是由业务驱动的，但是在企业发展的中后期，则需要由组织来驱动业务。因此，在这个阶段，企业的文化关键词是"融合统一"，企业需要提炼信念，即使命、愿景，也要建立制度保障，还要有人工饰物的打造，包括企业环境和氛围的打造、文化符号的设置、共同语言的提取等。

等到发展的下一阶段，即 11~100 阶段，企业就进入衍生期。

什么是衍生期？任何一个商业模式的发展都是呈抛物线状的，经历高速成长期之后往往就会进入慢速期，所以企业需要培育多条业务路径，以实现下一个阶段的发展。

比如阿里巴巴，它的第一条成长曲线是 B2B。在 B2B 的高速成长期，开始酝酿和构建淘宝。此时，B2B 是核心业务，淘宝是成长性业务，而支付宝是种子业务。等到淘宝开始高速成长，变成核心业务的时候，支付宝变为成长性业务，阿里云成为种子业务。现在，阿里云变为核心业务，钉钉变为成长性业务，盒马和新零售变成了种子业务。可以看到，核心业务是保证赚钱的，成长性业务则是依靠增长速度来换取市场规模，可能利润比较低，但是能够快速占领市场，而种子业务往往是不赚钱的。

当企业进入这种履带式发展阶段，我们通常称其为衍生期。到这个时期，企业里的各个业务部门会有不同的使命和愿景，追求多元化、生态化、矩阵式发展。这个时期的文化关键词是"自下而上"，意思就是，当我们提炼共享假设的时候必须涉及一些基本假设，比如，人性本善还是人性本恶，时间和空间的关系，过程和结果的关系等，要把这些人类的终极命题纳入企业探讨的范围。这也就是阿里现在的阶段。有段时间阿里甚至招人类学家，因为阿里现在已经是一个人类命运共同体了，一旦企业进入这个阶段，要做的事情跟之前就不同了。

再到下一个阶段，即从 101 到 N，这个阶段叫作变革期，文化打造的方式是"业务重组"，文化关键词是"变革重生"，组织关键词是"动荡整合"。对于处于变革期的企业，重点是进行业务重组，所以对文化的要求就是简洁、容易操作、容易理解。

比如当大众点评和美团合并时，它们的变革期假设只有两条。第一，"一审再审制"，意思是当下属呈交意见给上级，上级否定了之后，下属还有一次向上级呈交的机会，如果再次被上级否定，就按照上级的意见处理。为什么要设立这样一个制度呢？因为一般来说，当两家大企业合并的时候，会发生很多文化习惯上的冲突，而这些冲突往往并没有所谓的对错之分，所以"一审再审制"的目的是提高冲突中的决策效率。

第二，严禁在下级和平行干部之间非议公司与上级。如果员工有意见，可以直接向上级或者上级的上级反馈。这条规定也是为了让两家企业的员工能够更好地融合，减少矛盾和冲突。

以上就是企业在不同阶段打造文化的方法，企业可以对号入座，看看自己现在处在哪个阶段，可以运用哪种方法打造文化。

阿里巴巴核心价值观的演变

核心价值观能不能变？能变。多久变一次？看情况，但是频率一定不能太高。我认为，一个企业的核心价值观起码要坚持三五年，没有三五年，根本沉淀不了，入不了人心。

价值观是为企业发展服务的，而企业发展是充满不确定性的，所以对于价值观，我们要遵循以下三大原则。

第一，动态诠释。奉行价值观不是让员工遵从一个概念化的、静态的、一成不变的价值判断，而是体现为一个基于场景的、随着企业的发展动态诠释的过程。举个例子，早期阿里对"客户第一"的诠释是五条行为规范，但是后期的诠释变成一句话："客户虐我千百遍，我待客户如初恋。"这很符合时代的特点。

第二，助力发展。价值观的活力和生命力体现在结合企业不同发展阶段的问题与挑战，与时俱进地突出、强调和丰富价值观某些特定的内涵和要求，为企业发展提供思想导航。

第三，企业在不同发展阶段对价值观的诠释，总体上应保持一致，尽可能避免造成思想混乱。

我们来看一下阿里巴巴的价值观是怎么演变的。

在 2019 年 9 月举办的阿里巴巴 20 周年庆典上，最受人关注的除了马云退休，还有一件事就是，阿里正式宣布了新的核心价值观，即新六脉神剑：

- 客户第一，员工第二，股东第三；
- 因为信任，所以简单；
- 唯一不变的是变化；
- 今天最好的表现是明天最低的要求；
- 此时此刻，非我莫属；
- 认真生活，快乐工作。

我们再来看一下旧的六脉神剑：

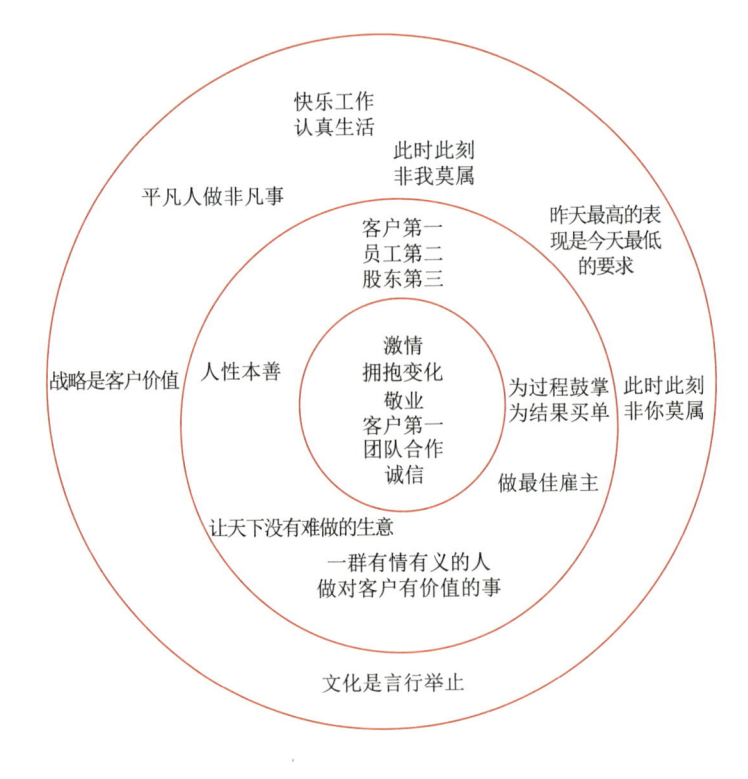

```
                    快乐工作
                    认真生活
                         此时此刻
                         非我莫属
        平凡人做非凡事
                                    昨天最高的表
                                    现是今天最低
                         客户第一       的要求
                         员工第二
                         股东第三
                      激情
                      拥抱变化
    战略是客户价值  人性本善  敬业    为过程鼓掌  此时此刻
                      客户第一    为结果买单  非你莫属
                      团队合作
                      诚信
                                    做最佳雇主
                    让天下没有难做的生意
                      一群有情有义的人
                      做对客户有价值的事

                    文化是言行举止
```

上图是阿里之前的企业文化，最外圈是价值观，中间一圈是一些深层核心假设，内圈是阿里原来的六脉神剑，也是核心价值观。可以看出，此次改变是对原来在外圈的一部分价值观进行了优化，使其变成内圈的核心价值观。

马云曾经说："阿里历史上所有重大的决定，都跟钱无关，都跟价值观有关。"这句话给予我们两个启发：第一，公司战略选择的背后是价值观在驱动；第二，但凡重要决定，都需要考虑其与企业文化之间的联结和关系。

在阿里21年的发展历史中，阿里的核心价值观经历过4次关键变化。

1999年：可信，亲切，简单。特别简单，也没有对应的行为规范。那时候阿里刚创立，成员很少，所以提出的价值观也很简单，严格意义上来说只能算是一个雏形，因为这三个关键词更像是在表达一个互联网网站对客户的友好态度。

2001年：独孤九剑。在当时刚进公司担任COO的关明生主导之下，马云、彭蕾、蔡崇信、吴炯、金建杭等阿里创始人一起，从阿里的创业经历中提炼出了九大价值观。因为马云非常热爱"侠"文化，所以称之为"独孤九剑"。创新轴为激情、创新、教学相长、开放，系统轴为团队、专注、质量、客户第一，另外还有"简易"贯穿两轴。

你会发现，其中有几条是关明生从通用带来的，但是大部分还是从阿里人身上提炼出来的。你也可以发现，这几个词行文很规范，非常国际化。这也是关明生在用个人习惯和成功经验影响组织核心价值观的构建。

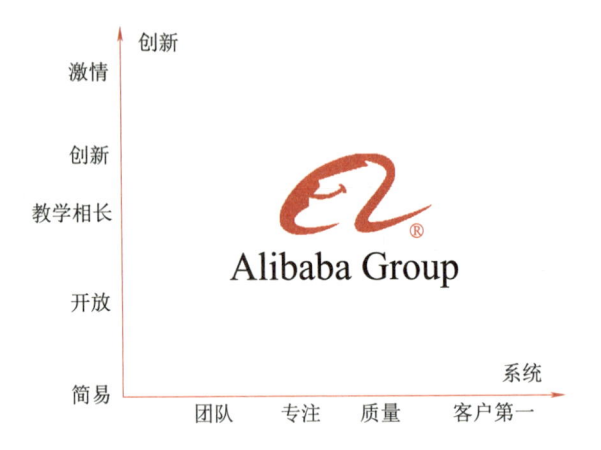

```
        创新
激情
        创新
教学相长
        开放
        简易                           系统
             团队  专注  质量  客户第一
```

Alibaba Group

2004年，阿里进入蓬勃发展期，"六脉神剑"出炉：激情、诚信、敬业、团队合作、拥抱变化、客户第一。其中，"客户第一"指向面对利益冲突时思考的顺序；"团队合作"和"拥抱变化"是个体和外部环境的互动原则；"激情"、"诚信"和"敬业"则反映了员工应该具备的素质。

```
           客户第一
      团队合作 | 拥抱变化
      诚信   激情   敬业
```

这次最重要的操刀人就是时任人力资源负责人的邓康明。邓康明

在微软和强生待过，他曾在公开场合表达过对他个人影响最大的就是强生的价值观。强生教诲每一位员工：首先，关注我们的客户，关注世界上所有的医生、护士及父母；其次，关注自己的员工，并尊重他们的尊严和价值；再次，关注我们的社会，时刻提醒自己为社会做贡献，维护我们所共有的财产；最后，关注股东的利益，给股东合理的回报。邓康明也将强生坚持的"客户第一、员工第二、股东第三"带到了阿里。

2019年9月，阿里发布新的"六脉神剑"。其中，客户第一、员工第二、股东第三，是对原来的"客户第一"的深度诠释，也是阿里生存的法宝。"因为信任，所以简单"是支付宝在第一支广告中提出来的，也是支付宝成功的关键。

"唯一不变的是变化"，是对原来的"拥抱变化"的延伸。事实上，阿里这么多年来的成长，就是一个不断适应环境变化，应对外部变化，进而拥抱变化的过程。"此时此刻，非我莫属"来自阿里巴巴的第一支公开招聘广告，也反映了阿里的补位文化。比如当一个HR不能完成工作的时候，业务领导要去承担，当业务领导不能承担的时候，就由人力资源业务合作伙伴承担。"今天最好的表现是明天最低的要求"是当年关明生来到阿里后讲得非常深入人心的一句话，也体现了阿里的绩效文化。"认真生活，快乐工作"则可以说是马云本人的真实写照，也是马云非常喜欢讲的一句话。

这六条价值观体现了企业文化源自成员的共同经历，并且它们也是非常阿里式的话语表达。用阿里一位HR的话来说，"阿里的这六条价值观，一听就是阿里的，辨识度非常高"。

```
           客户第一
           员工第二
           股东第三
       因为信任  唯一不变
       所以简单  的是变化
           今天最好的表现是
   此时此刻  明天最低的要求  认真生活
   非我莫属            快乐工作
```

成功者对于成功本身的诠释、解读和定义，是企业文化基因的内核，而创始人天性的释放过程就是企业文化内核不断外延的过程。阿里从早期"永不放弃"，到"侠"文化、"太极"，到今天的"平头哥精神"，再到"新六脉神剑"，这个过程既是马云不断通过外部学习，整合其他企业的最佳实践，打造属于阿里自己的独特文化的过程，也是马云寻找自己的过程。

第七章
制度容器：文化打造的制度保障

信念的落地需要制度和流程提供保障，从奖惩、绩效考核到组织设计，提供全方位支撑。

前面我们讲到，打造企业文化的过程首先是发现部分员工的行为之美，然后将这些行为背后的信念和假设提取、提炼出来，再去建立制度和流程以保障这些信念和假设落地，使其变成更多员工的行为举止。因此，文化一定是先从小部分人身上被发现的。作为企业文化的管理者，或者CEO，需要看到员工身上那些有价值的、闪光的行为，从那些闪光的行为中提炼出背后的信念和假设。其中有一个很重要的步骤，即把它变成企业中的一种公德。

什么是公德？我给大家讲个故事。

春秋时期，战火纷飞，一个国家俘虏了别国的士兵后就会在他们的脸上刺字，将他们变成奴隶。当时鲁国有很多战俘在别国成为奴隶。鲁国政府为了解救这些奴隶出台了一个政策：如果有人将鲁国籍的奴隶赎回，不但政府将报销赎金，还会赏赐他们金钱。

孔子的弟子子贡从齐国赎回了很多奴隶，但是他既不去报销赎金，也不去领赏，因此赢得了人们的称赞。孔子知道后却很生气，他告诉子贡："你这个举动可将鲁国的俘虏们害苦了，因为以后就不会再有人去赎他们了。"子贡听了很吃惊。

孔子解释说："你是富有阶层，所以有大笔的钱去赎奴隶，也不求报酬，但是大部分鲁国人都没有你富有，如果他们以后赎回奴隶后去报销、领赏，人们肯定会拿你和他们做比较，从而瞧不起他们。但是如果他们不去领赏，经济上又负担不起，所以他们就会干脆不去赎奴隶了。这样岂不是苦了鲁国的奴隶了吗？"

这个故事涉及两个非常重要的概念——私德和公德。比如，创始人个人的行为品格就是私德，而企业文化就相当于公德，它的基本特征是公共性、强制性、普遍性。公德可以源于私德，立足于私德，但是高于私德，"高"是指优先级更高。所以，企业文化是针对全体成员的规范，一旦被塑造出来，对创始人的约束也是一样的。

制定企业高压线

高压线的定义

员工对文化最直观的感受来自5个方面：辞退了谁，招聘了谁，晋升了谁，奖励了谁，惩罚了谁。我们就从辞退这件事讲起。

一般来说，员工离开公司有三种形式：一是自动离职；二是被劝退，通常是因为业绩不达标，或者其他问题；三是被辞退，这种情况往往就是员工触碰了企业的高压线。在企业管理中，首先要制定的制度就是公司的高压线。

什么是高压线？就是公司里任何人都不能触碰的制度。只要触碰了公司的高压线，无论是谁，都要离开，而且不是劝退，是辞退。

每家公司的高压线都不一样，可以是禁止贪污受贿、打架斗殴、同部门谈恋爱等，涉及很多琐碎的事情。其中的关键点是，高压线的提炼通常是基于核心价值观的另一个方向的极致，比如阿里曾经有一条价值观是"敬业"，那么和敬业相关的高压线就是"不作为、玩忽职守、懒政"，一旦确定员工有以上行为，就会立即将其辞退。

可以看到，高压线极具企业特色，所以有时候难免会和劳动法产生冲突。比如有的员工因为和同事打架被辞退，该员工不服，提出仲裁，因为《劳动法》中并没有因为员工打架就要将其辞退的规定，所以很可能公司被要求赔偿。在这种情况下，有些管理者或者 HR 可能会站在为公司省钱的角度考虑，提出和员工私下和解，让员工自愿离职，而不是公开将其辞退。这件事情能这么处理吗？当然不能。

对于高压线，公司的态度一定要强硬，其中任何偏颇和模糊的处理都可能会让员工认为，这件事情是可以商量的。即便公司最后做出赔偿，也是基于国家法律，而不是在高压线上的让步。要明白，公司的所有制度都不是针对某个人的，而是针对全体员工的。如果一个触碰底线的人不被辞退，等于在告诉其他人，公司鼓励这种行为。

企业制定高压线是要付出成本和代价的。有些事情企业可以做在前头，以减少员工触碰高压线以及因员工不服气导致仲裁的情况。

一是把高压线写入入职通知书、员工手册、劳动合同附录等文件，这也是一个不断构建和员工之间心理契约的过程。在这些心理契约构建完之后，员工如果触犯高压线，引起纠纷，起诉公司的概率也会大大降低。

二是将之前员工触碰高压线的案例整理成资料，向员工宣导，强调高压线，让员工知道后果的严重性。

三是日常要进行相关的监督和审查。建立制度不是为了给员工制造麻烦，而是让员工看到限制，免受诱惑。

如何制定高压线

一个好的制度会让坏人变好，而一个坏的制度会把好人变坏。如果你给一个人太多的权力而不加以约束，给他太多的寻租空间而不加以监督，等于是把一个好人推到火坑里面。有很多制度的建立看起来是基于对员工的不信任，但是这种不信任的背后是用更大的爱来帮助他们变成一个好人。

企业高压线必须形成强有力的约束。你可以不制定高压线，但是一旦制定，就代表了企业规范和价值观，必须对所有员工有所交代。企业老板在制定核心价值观和高压线的时候要慎之又慎，一定要想清楚，自己是否能够带头严格遵守。不要先创造了文化，然后又亲自破坏文化。

那么高压线的制定依据是什么？

一是根据价值观倡导的对立面的极致表现。比如，团队合作对立面的极致表现就是在团队内部拉帮结派，诋毁同事，搬弄是非，阳奉阴违，决策前不参与，决策后不执行。客户第一的对立面的极致表现就是为谋一己之私，欺骗客户，不尊重客户，利用职权威胁客户，为了自身和团队业绩目标与利益损害客户利益等。

二是治安和刑事案件。员工酒驾、醉驾，或者因在公司外面与人打架被拘留，这种情况要不要辞退？通常我的建议是按照案件类型分别处理。如果是刑事案件，那么一律辞退。治安案件则根据不同性质酌情处理，比如发生在企业之外的偷盗，这类行为是企业不能接受的，应该辞退。如果是酒驾，就可以不用辞退。企业中很多类似的界限模糊的地方，我们都要用制度将它们定义清晰。

三是公司的其他底线。

每一个企业的高压线都是独一无二的，绝对不是随口说说、看情况执行的。所以我再次强调，如果你不确定自己和员工能够遵守，那么宁可不制定高压线，这样也好过制定了之后不严格执行，那样的话，不仅会伤害员工，而且打击士气。

另外，作为公司老板或者企业文化工作者，在处理这类事件时需要做到一点，即不要把高压线和道德水平绑在一起。高压线只是企业里的游戏规则，而不是道德标准，更不是国家的法律。员工触碰高压线就相当于违反了游戏规则，只需把他踢出局，让他无法参与这个游戏。

阿里的高压线

阿里巴巴一直以鲜明的企业文化、强大的执行能力闻名业界，公司也明确了多条高压线。我给大家举几个例子。

诚信问题

阿里辞退员工有两大原因。一是考试作弊。阿里内部有很多考试，如果你考试作弊，就证明你的诚信有问题，你在工作过程中，可能带来意想不到的危害。

二是 CRM 作假，也就是在客户管理系统中作假。不管是编造客户信息，还是编造拜访记录，都是危害非常大的行为，会让客户管理系统中信息的真实性大打折扣，给后续工作造成很大障碍。

影响团队合作

除了直销、微商这种松散的组织，绝大多数企业对于员工之间谈恋爱不太会持鼓励的态度，但是也不需要反对，因为反对是不人性的。只是需要把握两个关键点：一是只要有相应的利益关系的部门的员工之间谈恋爱，就必须有一个人调岗或者转部门；二是上下级之间如果谈恋爱，则必须有一个人转岗，因为其他员工会认为领导在日常工作中可能有所偏向，不能公正地处理事务，长此以往对公司不利。

招聘：找到气味相投的人

辞退谁和高压线有关，招聘谁则和企业的招聘制度有关。

独特的招聘文案

招聘就是，我们要先找到爱我们的人，然后在爱我们的人中选择一些我们爱的人。如何让别人爱上我们？当然需要先展示我们是一家什么样的公司，有一群什么样的员工。但是现在很多企业的招聘文案千篇一律，根本没有办法展现自己与其他企业的不同之处，这怎么能招来有趣的人呢？

我在成为阿里 B2B 广东大区"大政委"时，下面有 15 个"政委"岗位缺人。上一任"大政委"告诉我，他招了很久也没招到人，所以我觉得我应该发一份招聘广告。作为《大秦帝国》的忠实粉丝，我模仿秦孝公的求贤令写了这样一份招聘文案：

争鸣天下招贤，聚会各方才俊，求才不拘一格，任人唯才是举。"政委"一需刚正不阿，清正自律，勇于挑战，越挫越勇。"政委"一职之根本，在于因势利导，修行别人，从而修行自己；"政委"一职之利器，在于爱与沟通，外柔内刚，上善若水；"政委"一职之矛盾，在于既苦且乐，痛苦愈大，幸福愈强；"政委"一职之职能，在于凄寒角生活，黑暗处点灯，暖人更暖心；"政委"一职之重要，非常人可为，必平和愉悦，且胸有惊雷者居之。古有燕王筑台求贤，今有粤军张榜招才。惜功名利禄，过眼浮云，唯有直销文明，穿越古今。粤十年之辽阔疆场，任君驰骋，粤天下铸直销之魂，你我同行。盼之切切，望眼欲穿！有意者请将简历发与老张！

当时广东大区一共有1 300多位同事，我收到了100多份应聘简历，证明这是一次很成功的招聘。很多人告诉我，没想到"政委"的工作这么有趣、这么好玩；如此高尚的工作，能够有很大的学习和成长的空间，而且未来的老大是一个这么有趣的人。

应聘者会通过招聘文案，了解招聘者的独立人格和对招聘岗位的思考，进而可能被深深吸引。

这就是招聘的第一个基础工作———一份与众不同的能够展示企业特质的招聘文案。特别是小企业，没有大企业的知名度和认知度，所以招聘广告更要用心，要展示出你是一家什么样的企业，崇尚什么样的价值观，展示你的与众不同。

企业高速扩张期的招聘技巧

处于高速扩张期的企业，在招人的时候需要考虑一个问题，即如何找到大量特质与原有员工相近的新员工，使得新老员工能够比较顺利地融合，也让企业文化尽量少被稀释。对于招聘者来说，最关键的任务就是定标准。比如，某企业要将销售队伍在一年内从 3 000 人扩充到 8 000 人。我们首先要做的就是找到招这 5 000 人的标准。这个标准从哪里找？就从原来的 3 000 人里找，找到完成销售工作需要的个人能力特征结构，即胜任力。

胜任力是一个人能做什么（技能、知识）、想做什么（角色定位、自我认知）和会怎么做（价值观、品质、动机）的内在特质的组合。美国心理学家斯宾塞于 1993 年提出冰山模型来解释胜任力。他认为，一个人的胜任力就好比一座冰山，技能和知识只是露在水面上冰山的一小部分，他的自我认知、动机、个人品质以及价值观这些东西，都潜藏在水面以下，很难判断和识别。

大多数招聘者只关心看得见的部分，即冰山露出水面的那个部分，而不怎么关心看不见的部分。

但是对于一个专业技术要求不是特别高的岗位来说，水下的部分决定了冰山露出水面的部分。

阿里巴巴曾经在 2007 年底启动建立销售的胜任力模型项目，对销售人员做了一次全方位调研。这个调研主要分三步，第一步是进行简历共性分析。只有从公司里面成长、发展起来的顶级销售身上分析总结出来的标准才值得我们应用。当然如果员工样本数不是很大，也可以借鉴其他企业。其实，最好的样本一定在企业内部。

我们先从 3 000 名销售中找出 1 355 个业绩中等以上的销售，又从中挑选出 118 名顶级销售，分析他们的籍贯、毕业学校和专业、年龄结构、婚姻状况，甚至户口类型，以寻找共性。

结果我们发现：

第一，绝大多数顶级销售进公司时的年龄为25~28岁，这意味着他们都有一定的工作经验。

第二，调研结果显示，顶级销售的籍贯排名依次是湖南、江西和浙江。这三个省份就成为我们之后定向招聘的地方。

第三，学校和专业五花八门，70%以上是大专和中专学历。那时，尽管阿里的规模已经很大，它招聘的学历要求是大专以上，但也会为中专学历，尤其是特别优秀的应聘者提供特殊通道。阿里认为，对于招聘来说，适合胜过优秀。

第四，三、四线城市的城镇户口居多，因为这部分人群改变命运的欲望最强烈。

第二步是行为事件访谈。我们当时设计了一个问卷，提出的问题包括：你怎么看待销售；你在销售工作中遇到的最困难的一件事情是什么；你印象最深刻的一个客户是谁，当时你是怎么和他沟通、交流的，最后取得了什么结果，等等。我们想通过问卷了解顶级销售的一些性格特质。

在沟通的过程中，我们发现顶级销售有一个共性：目标感很强，比如对于什么时候买车、买房、结婚等有清晰的计划。也就是说，他们在生活中是有欲望的。我们后来把欲望这个部分定义为"要性"。一个做销售的人，如果没有欲望是一件很可怕的事情，欲望能够变成努力的源泉。

我们也发现顶级销售喜欢自己掌控话语节奏，把控话语权，甚至在回答完问题之后还会给出反馈，比如问这个问题的目的是不是想问这个，这个问题这么问会更好等，而且往往都是他们主动提出结束谈话。

第三步是关键客户访谈。我们找到顶级销售最忠诚的、一直续约的客户并与他们沟通，了解他们最看重的销售的品质和性格特点。结果我们发现，坚持是一个很重要的特质，其重要性甚至高于技巧。于是我们认为销售和勤奋、坚持有关，其次才是技巧。当然更底层的是他内心的欲望、目标和动力。

最后，我们集合这三种调研方式的结果，整理出顶级销售身上的7个共性，我们称之为"北斗七星"。

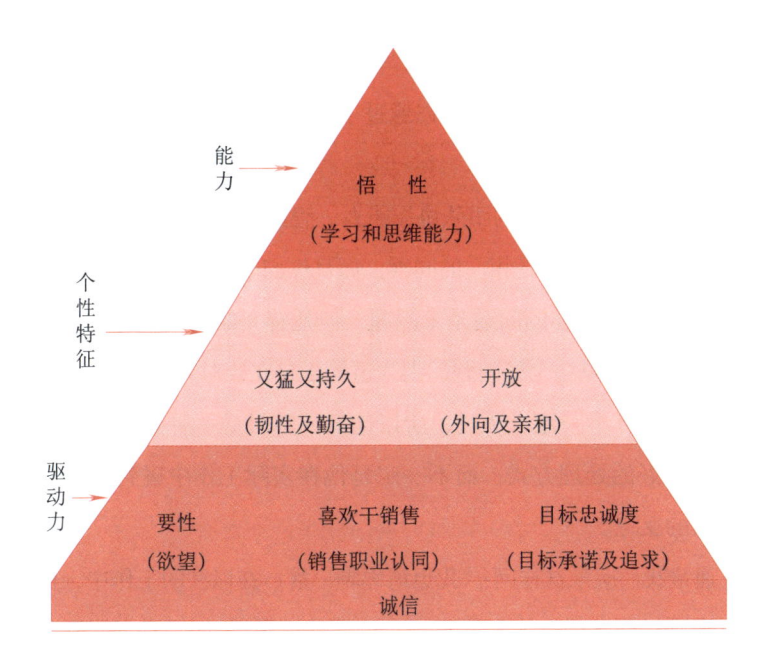

```
           能力 → 悟  性
                 （学习和思维能力）

     个性
     特征 →  又猛又持久        开放
             （韧性及勤奋）  （外向及亲和）

  驱
  动  →   要性      喜欢干销售      目标忠诚度
  力      （欲望） （销售职业认同）（目标承诺及追求）
                        诚信
```

最底层的要求是诚信。要诚实正直，言行坦荡，这是最基本的要求。驱动力层面，一要有要性，要有自我成长和事业成功方面的目标。

二要喜欢干销售，要对销售这个职业有足够的认同度。三要有目标忠诚度，设定目标之后就会努力达成。个性特征方面，一要又猛又持久，要能吃苦耐劳，能抗压，能坚持，有韧性，像打不死的小强；二要开放，要外向，愿意与人沟通和交流。在能力方面，要有悟性，悟性就是学习和思维能力，在工作中能不断进行反思和总结，通过与他人的交流和学习提升自己。

只提炼出这7点共性还不够，在招聘的时候，我们还需要一个标尺，可以对照着衡量应聘者。因此，阿里的人力资源专家联合浙江大学的教授针对这7个共性，研究出了一套问话表，用细节问话的方式，让应聘者自己讲述曾经做过什么，得到了什么结果。我们没有办法预测一个人的未来，但是我们可以通过了解他的过去，推测未来可能发生的情况。

比如要考察一个人的团队协作能力，假如你这么问："如果你在团队中碰到一个和你意见相左的同事，而且你们的冲突很激烈，你会如何和他合作？"这样的问题是笨问题，但凡有"如果""假设""你怎么考虑"，就不是一个好问题，因为这等于是在让对方假设一种场景，这种场景对方不一定经历过，所以他的回答只是一种想象，是他认为的比较好的处理方式，而不一定是他在实际工作中碰到这种情况会做出的反应。

通常我们应该这样问："我想请你聊一聊，在以往的工作中，你有没有遇到过团队中有人和你意见不一致的情况。"如果对方回答"没遇到过"，那么你至少可以推断出这个人在团队合作方面没接受过训练。如果对方回答"遇到过"，那么你就可以追问："当时的场景是怎样的？面对这个场景，你是怎么思考的？你采取了哪些行动？这个项目因为你们意见不同,发生摩擦和冲突,最后产生了什么样的结果?"通过这种行为事件访谈,我们可以更好地了解对方。

在找千里马之前,我们首先要确立评判千里马的标准。有了标准之后,我们还需要测量的方法和工具。这就是企业在高速扩张期的招聘学问。

价值观和业绩双轨制考核

价值观和业绩双轨制绩效考核制度是保障文化的基础和关键。其中,业绩是硬性考核,而价值观是软性考核。我们要在企业里鼓励一种行为,需要考虑软的部分和硬的部分,一硬一软才会更强。

不同类型员工的处理方式

阿里实行价值观和业绩双轨制绩效考核,并根据结果将员工分为5个类型,分别以5种动物来指代。先声明,其中没有任何歧视、侮辱的意思。

阿里是这么定义的:业绩不好,价值观也不符合要求的员工叫作"狗";业绩不太好,但是价值观符合要求的员工叫作"小白兔";业绩好,但是价值观不符合要求的员工叫作"野狗";业绩好,价值观符合要求的员工叫作"明星";处于中间的员工叫作"牛"。

很多管理者都希望把"野狗"变成"明星",但基本不可能,因为要改变一个人的价值观太难了。对于管理者来说,最重要的工作其实是把"牛"变成"明星"。

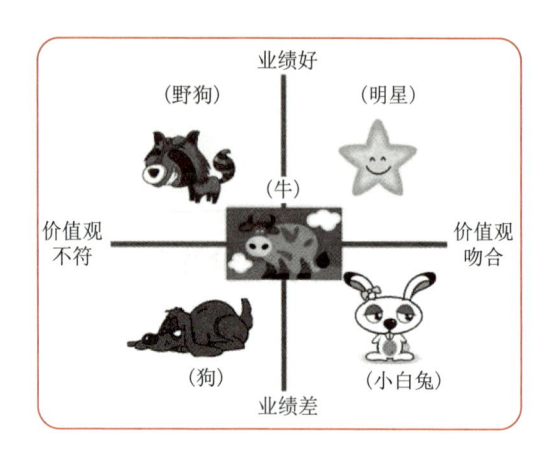

```
                业绩好
    (野狗)              (明星)


价值观         (牛)           价值观
不符                          吻合



    (狗)             (小白兔)
                业绩差
```

对于其他员工，比如业绩不好、价值观也有问题的"狗"，没什么好说的，就是两个字——辞退。"野狗"虽然业绩不错，可能其他人只能做五六十万元，他能做100万元，所以开除他，短期会对团队业绩有影响，但是改造价值观是很难的，把他留在团队，长此以往，对于团队是一种伤害，所以对于"野狗"，我们要"痛杀"。用马云的话说就是，要把"野狗"挂在城门上，昭告天下，反复宣导，以警示其他员工。

如果制度有漏洞，"牛"很有可能变成"野狗"。

"小白兔"一般是指那些没有被培养起来的人，他们通常态度非常好，也很努力，但是业绩总是不达标。这样的人会阻碍企业的成长和发展。无论是华为、腾讯，还是阿里，每隔一段时间就会传出裁员的消息，不是因为经济不好、公司利润下降，就是要裁这些"小白兔"。阿里是按照271、361制度严格执行末位淘汰的。三个数字分别对应不同绩效档次的人员比例，271就是优秀占20%，普通占70%，不合格占10%。如果员工连续两次绩效考核都被评为1，就会被辞退。

管理者还要警惕一种伪装成"小白兔"的员工。比如，在一家有加班文化的公司，留下来加班的人中，大概有一半的人不是因为真的有工作可做，而是为了寻求一种和团队在一起的安全感，尤其是看到团队领导在加班，他们就会加班，管理者不走，他们也不会走。他们认为，"只要我足够努力，哪怕没有取得成果，领导也不好意思辞退我，因为这样很不人道"。这就是典型的伪装"小白兔"的心态。

作为管理者，需要辨别哪些是真的"小白兔"，哪些是伪装的"小白兔"。如果是伪装的"小白兔"，就要将其"杀掉"。在阿里内部，绝大多数"小白兔"都是放错位置的"明星"，有些人在这个岗位上是"小白兔"，在下一个岗位上可能是明星，所以对于真的"小白兔"，就要考虑是不是他擅长的与现在的岗位不匹配。如果是，就需要通过换岗来激发他的潜力和能力。

对于"小白兔"，有两种处理方式。第一，给予其培养机会，但是培养周期不能太长。阿里通常会设置两个考核周期，比如每个季度考核一次，如果第一个考核周期结果是1，就再给予他一次培养的机会，但是如果第二个考核周期结果还是1，就要将其淘汰。第二，给予换岗的机会。如果员工连续两次换岗之后还是没有展现符合期望的能力，就会被淘汰。企业追求的是效率，而不是帮助每一个员工成长。一个职场人的成长是他自己的事情，千万不要以为帮助员工成长是企业的事情。

"小白兔"在企业里的时间长了，就变成了"老白兔"。一家创立10年以上的公司，一定会有很多"老白兔"，有些还身居要职。这样一来，年轻人的晋升空间就受到限制，"空降兵"也没有位置，所以有些公司会送高层的"老白兔"出去读书，然后慢慢与其疏远，这也是一种不错的处理方式。对于中层的"老白兔",可以试试调岗。如果是基层的"老白兔",可以将其辞退。

现在很多企业对 HR 的考核重点,已经不再是员工离职率,而是"可惜人才"离职率。什么叫"可惜人才"?就是通过人才盘点被定义为"高潜力"人才的那些员工。如果是这样的人才流失了,责任应归属于 HR。一般岗位的人员流失,是正常的,甚至是需要的。曾经有位老板很自豪地对我说,他的企业 5 年来没有一个员工离职。我真心觉得这不是好事。我不认为一个企业能够做到招到的每一个员工都是合适的,很有可能是员工在享受舒适感。企业需要给员工提供安全感,但是永远要打破舒适感,因为员工一旦有舒适感就会缺乏动力。员工没有动力,企业就会停止发展,因此,一定程度的人员流失是很正常的。比如销售团队,我认为 10% 的月度离职率是很正常的,甚至有时企业要主动创造人员流失。

阿里的考核制度

绩效考核体系是将企业使命、愿景、战略目标落地链接到个体的保障体系。阿里实行的是业绩和价值观双轨制考核。业绩考核在企业中比较常见,价值观考核就比较少,有些人认为价值观太过抽象,不容易打分。

其实,价值观考核是在企业中推行价值观非常有力的一种方式,考核价值观的过程也是全体员工对价值观的理解达成共识,激发员工对价值观真正认可和尊重的过程,最终促使全体员工在工作当中始终如一地将价值观体现出来。管理者在对员工进行价值观考核时必须摒弃"工具"的概念，深刻理解将价值观纳入绩效考核的目的，对员工行为进行深入细致的观察，判断要客观公正。

我并不建议企业在一开始执行价值观打分制度的时候就在全公司推广。我比较鼓励先从 CEO 给下属打分开始，执行三个月之后，高管开始给中层打分，再过三个月，总结经验，整理出一些方法，在全公司推广。企业文化的落地是需要传播期的，在此期间，企业相关人员需要做的事情是宣导企业文化和价值观，要让每一个层级的管理者都能够解释价值观，以便让全体员工对于文化产生认同，进而做出承诺，尝试行动，达到知行合一。

下面，我以阿里的 KPI 考核机制为例，看看它是怎么做的。阿里曾经执行过三套考核制度，即通关制和 ABC 档位制，还有最新的一套制度。

通关制

通关制在 2004—2013 年实行，价值观考核满分是 5 分，3.5 分以上必须提供案例证明。

通关制是阿里实行过的最烦琐的一套考核制度。其业绩和价值观评分都分为 7 档，分别是 5 分、4.5 分、4 分、3.75 分、3.5 分、3.25 分、3 分。其中，业绩评分需要呈正态分布，也就是得到最高分和最低分的只是少数人，大部分人居于中间档位。价值观评分则不必呈正态分布，因为如果价值观评分也要呈正态分布，就意味着一定要找出一个"坏人"来打低分，这就可能导致不公平。所以，价值观打分可以是整个团队都是 3.75 分，超出期望，也可以都是 3 分，要被集体淘汰。

（1）业绩打分：打分的时候要注意，需要进行横向比较。比如将一个员工在考核时的业绩和当初定的目标进行对比，如果业绩超过目标，则得到 3.75 分。但这个分数是通过员工实际业绩和目标的对比得出的，不足以全面衡量员工的业绩完成情况，还需要把这个分数放到整个团队中去比较，如果其他人都是 4 分及以上，那么这个员工就还是末尾的那个"1"。这主要是考虑到，企业在定目标的时候可能并不是那么精准，定得偏低，结果所有的人目标完成率都很高。所以，要让结果相对客观，关键就是既要和自己比，也要和团队中的其他人比。

（2）价值观打分：当时阿里巴巴的价值观一共有 6 条，每一条都写出了具体的行为指导规范，并对应不同的分值，最低 1 分，最高 5 分。

考核项目	评价标准（通关原则）				
分值5	1	2	3	4	5
客户第一	尊重他人，随时随地维护阿里巴巴的形象	微笑面对投诉和受到的委屈，积极主动地在工作中为客户解决问题	在与客户交流的过程中，即使不是自己的责任，也不推诿	站在客户的立场思考问题，在坚持原则的基础上，最终达到客户和公司都满意	具有超前的服务意识，防患于未然
团队合作	积极融入团队，乐于接受同事的帮助，配合团队完成工作	决策前发表建设性意见，充分参与团队讨论；决策后无论个人是否有异议，必须从言行上完全予以支持	积极主动分享业务知识和经验，主动给予同事必要的帮助，善于利用团队的力量解决问题和困难	善于和不同类型的同事合作，不将个人喜好带入工作，充分体现"对事不对人"的原则	有主人翁意识，积极正面地影响团队，改善团队士气和氛围

（续表）

考核项目	评价标准（通关原则）				
分值5	1	2	3	4	5
拥抱变化	适应公司的日常变化，不抱怨	面对变化，理性对待，充分沟通，诚意配合	面对困难和挫折，能自我调整，并正面影响和带动同事	在工作中有前瞻意识，找到新方法、新思路	适应变化，并取得优异绩效
诚信	诚实正直，言行一致，不受利益和压力的影响	通过正确的渠道和流程，准确表达自己的观点，表达批评意见的同时能提出相应的建议，直言不讳	不传播未证实的消息，不背后不负责任地议论事和人，并能正向引导	勇于承认错误，敢于承担责任；客观反映问题，对损害公司利益的不诚信行为严厉制止	坚决执行公司标准
激情	喜欢自己的工作，认同阿里巴巴的企业文化	热爱阿里巴巴，顾全大局，不计较个人得失	以积极乐观的心态对日常工作，不断自我激励，努力提升业绩	碰到困难和挫折的时候永不放弃，不断寻求突破，并获得成功	不断设定更高的目标，今天的最好表现是明天的最低要求
敬业	上班时间只做与工作有关的事情，没有因工作失职重复犯错	今天的事不拖到明天，遵循必要的工作流程	持续学习，自我完善，做事情充分体现以结果为导向	能根据轻重缓急来正确安排工作优先级，做正确的事	遵循但不拘泥于工作流程，化繁为简，用较小的投入获得较大的工作成果

从上面的表格可以看到，行为规范不是定量指标，而是定性指标，在实际打分的时候容易引起争议，在实际执行时没有那么苛刻。当时制定的原则是通关制，意思就是员工只有做到了第一条和第二条，才

会去看其是否做到了第三条。如果员工做到了第四条，但是没有做到第三条，也只能打 2 分。

先由员工自评，按照 6 条价值观逐一打分，如果某一条价值观下员工自评 3.5 分以上，就必须撰写案例来佐证。案例必须清楚明确，行为、事件、过程、结果、思考，缺一不可。比如客户第一，3 分的标准是"在与客户交流的过程中，即使不是自己的责任，也不推诿"，4 分的标准是"站在客户的立场思考问题，在坚持原则的基础上，最终达到客户和公司都满意"。如果员工自评 3.5 分，就要写一个相关的案例，证明自己符合这两个标准，这就叫案例举证法。员工自评之后再由直接主管评价打分，并且最终以直接主管的评价结果为准。最后产生一个总分，再根据对照表，确定一个最终的价值观分数。

ABC 档位制

阿里执行的第二套考核制度的特点是把价值观评分去分数化，重弘扬和倡导，以 A、B、C 三档呈现，不设比例。其中，A 和 C 需要 N+2 来评判，意思是员工如果给自己打 A，需要写案例来佐证，然后由直接上级来评价。如果确认是 A，还要经过上级的上级评价才会生效。如果员工给自己打 B，但是直接上级给员工打 C，那么直接上级也需要写案例来佐证，并且经过上级的上级二次确认，以减少直接上级因为个人原因打压下属的情况发生。

A 档叫作"超越自我"，标准是"超越自我，对团队有影响，和组织融为一体，杰出的榜样，有丰富的事例和广泛的好评"。B 档为"符合"，标准是"言行表现符合阿里巴巴的价值观要求，是个合格的阿里人"。C 档为"不符合"，标准是"缺乏基本的素质和要求，突破价值观底线。根据程度不同，需要改进甚至离开"。其中，C档是不能参与奖金和股权分配、调薪、晋升的。

价值观的分数一定要和奖励挂钩，可以是奖金、调薪、期权或晋升，而且奖励要公开展示，以激励员工给自己的价值观打高分。如果不挂钩，大部分员工在自评的时候都会给自己打B，因为不需要提供事例佐证。这样的话，价值观打分就形同虚设，不能起到应有的激励和鞭策作用。所以，在同等业绩的情况下，价值观分数高的人得到的奖励更多；在同等价值观的情况下，业绩高的人得到的奖励更多。

第三套制度

第三套于2020年3月31日全面执行。阿里是一家特别与时俱进的公司，知道现在的90后员工和以前的70后、80后不一样，所以在推出新的打分方式，删除部分烦琐环节的同时，也保留了原有打分制的优势。

其中，价值观考核的部分是这样的。先由员工自评。阿里在2019年发布的"新六脉神剑"一共有六条价值观，每一条都有相对应的几条行为描述，每一条行为描述分值是1分。如果员工觉得自己做到了，就得1分，否则就是0分。它首先要求员工针对每一条行为描述给自己打分，比如"客户第一、员工第二、股东第三"这一条价值观，其中有一条行为描述是这样的："把客户价值当作最重要的KPI，而不是把KPI当作客户价值。"这句话很重要。很多执行KPI考核制度的企业，员工常常是围绕KPI做事情，比如KPI设定了哪些事情，员工就去做哪些事情，而不考虑这些行为有没有真正帮助客户实现价值。这也是绩效主义的一种表现。

在六条价值观中，五条都有相应的四条行为描述，只有"认真生活，快乐工作"这一条没有。对此，阿里是这么解释的："我们每个人都有自己的工作和生活态度，我们尊重每个阿里人的选择，这条价值观考核留给生活本身。"

一共有五条价值观需要考核，针对每个行为描述逐一打分，符合要求得1分，不符合要求得0分。最后一条价值观不需要考核。最后将所有分数相加得出一个总分，对应到A、B、C三个档位，具体多少分对应哪个区间的细则现在还没有出台。这个考核结果会体现在绩效上，员工和主管均需要对五条价值观的单条行为描述撰写案例，考核结果将适度与激励挂钩。

从上面三套考核制度可以看出，阿里一直都在实行业绩和价值观双轨制考核。我认为，并非所有的企业都需要模仿阿里建立一套单独的价值观考核制度，打分只是一种考核方式，价值观考核可以纳入具体行为。比如，对于一个管理干部来说，与价值观相关的事情就两件：第一，如何推动企业文化构建；第二，如何培养管理人才。这两点完全可以纳入考核。所以，对于基层管理干部，可以这么考核：做业务占绩效总分的60%，建团队部分占20%，推文化占20%，这就叫622。中层管理干部，做业务占绩效总分的50%，建团队占20%，推文化占30%，这就叫523。高层管理干部，做业务、建团队、推文化三个部分占绩效总分的比例通常是443。这里，人们对于考核容易陷入一个误区，认为对于高层管理干部考核，推文化的部分占比会较大，这就错了，因为文化始终是为业务服务的，业务的权重永远是最高的。只是对于高层管理干部来说，建团队很重要，推文化也很重要，可以采用443的比例。

通过这种单轨制的考核方式，也能够推动管理干部构建企业文化，坚守价值观，培养人才。

文化建设是管理者的首要任务，因此要在领导力标准和对领导者的考核中融入企业文化的行为要素，再将对价值观的评价作为干部选拔的核心与一票否决项，老板文化才能逐步演变为组织文化，企业的使命、愿景、核心价值观才能代代传递。

阿里的组织保障:"政委"体系

绝大多数企业的文化之所以落不了地,是因为没有把它定义为一把手工程。如果创始人或者 CEO 没有认同企业文化,并把它当作自己的核心工作,那么企业文化是很难落地的。文化的核心层要从创始人的个人心智出发,是无法凭空打造出来的。再者,文化和领导力是硬币的正反两面,一开始老板的个人领导力奠定了文化的风格和方向,慢慢地文化就开始定义组织领导力的标准,所以企业文化必须是一把手工程。

当然,除了一把手的参与和重视,在很多企业,文化相关的工作一般由 HR 承担。他们有一个特点,就是离一线员工有点远。特别是在企业高速扩张期,随着大量新员工的加入,企业文化很容易被稀释,团队的凝聚力也很容易出现问题。正是在这种背景下,阿里设置了"政委"体系,通过组织设计弥补业务领导能力和精力的不足。

"政委"体系的诞生

"政委"体系是阿里巴巴在 2004 年由马云牵头,邓康明落实打造的一套阿里特有的人力资源管理体系。

当时，阿里业务处于快速扩张阶段，越来越多不同教育背景和工作经历的人加入阿里，原有的粗放式管理越来越不适应公司的发展，团队的凝聚力出现减弱的迹象。怎么在公司层级增多、跨区域发展的情况下，继续保证企业文化和价值观的传承呢？

马云从军旅片《历史的天空》中的政委体系中得到启发。由邓康明主导，在阿里也设置了"政委"体系。"政委"负责组织价值观、愿景、使命的落地，与业务经理一起做好所在团队的组织管理、员工发展、人才培养等方面的工作，解决企业文化传承和干部培养的问题，保证企业的长远发展。

阿里"政委"体系的设计原理就是 HR 的职能体系。

HR 职能被拆解为三个角色，分别是 HRCOE（Human Resource Center Of Expert），即领域专家；HRSSC（Human Resource Shared Service Center），即服务交付；HRBP（Human Resource Business Partner），即业务伙伴。

HRCOE 属于设计者的角色，职责是运用领域知识设计业务导向、创新的 HR 政策、流程和方案，并持续改进。HRSSC 则是 HR 的标准服务提供者，其作用是确保服务交付的一致性。HRBP，就是阿里的"政委"角色，是各业务部门或事业部的人力资源管理者，职责是运用专业的人力资源管理工具和技能深度服务于业务发展，从而支撑业务部门绩效的达成。

阿里"政委"线由总部垂直管理，不向业务线汇报。"政委"层级的设置分两种情况。

在业务区域：最基层的是"小政委"，分布在城市各个区域，小城市之间会共享一个"政委"。"小政委"会与一线业务经理成为搭档；高层级的是"大政委"，会与大区经理成为搭档。

在事业部：最小的"政委"设在部门级，小部门之间会共享一个"政委"，总监以上配一个"大政委"，覆盖总监的管辖范围。

这样设置有以下三个好处。

一是"政委"被派驻到一线，直接与业务经理搭档，能够更深入地了解业务，从而更有效地提供支持。此外，"政委"也会对业务经理起到监督作用，避免业务经理由于短期业绩压力做出一些短视的行为。

二是帮助"政委"了解部门内的人才结构和运作情况，以更好地提升人效，促进人才成长。

三是在基层推动公司价值观和文化落地。

"政委"的工作职责

在阿里，"政委"有四大角色定位。一是业务上的合作伙伴，配合业务经理打造高绩效团队。二是人力资源开发者。"政委"要做人力资源的增值工作，甄选优秀的主管，培养优秀的干部。三是公司与员工之间的"同心结"和桥梁。"政委"是一个上传下达的角色，创建互信的企业文化，激发员工对公司的热爱，还要关注员工的心态变化和成长。四是公司文化的倡导者、贯彻者和诠释者。"政委"要充分了解企业发展史和企业文化的内在精神，通过各种方式将它们传达给员工。

依照这个定位，"政委"的工作主要是聚焦在三个方面：一是业务，二是组织和人，三是文化。

业务

在业务方面，政委要做的第一件事就是参与几乎所有关于重要业务决定和管理的会议，和业务管理者一起反复确认目标达成的可能。第二件事是"将业务目标做虚"。

做企业文化有两件很重要的事——把实的东西做虚，把虚的东西做实。业务目标是实实在在的数字层面的部分，当你了解了整个业务目标和业务制定的来龙去脉之后，你要做的事情就是把业务目标做虚。比如今年的目标是5 000万元，就要告诉员工达成这个业务目标对组织和团队的意义到底是什么。

例如，当年我们在广东提出一个口号叫作"粤十年，粤天下"。意思是，前面十年浙江一直领先，但是未来十年我们要让别人看到广东领先。

"粤十年，粤天下"这句口号的背后，是需要实实在在的业务目标和数据来支撑的，但如果没有赋予业务目标和数字意义，就很难让人重视，所以把业务目标做虚，让数字转化为一个有意义的口号非常必要。

在这个过程中，"政委"需要搜集每个部门、团队，甚至区域为了达成业绩目标发生的感人事迹，将它们提炼出来，进行宣传，为团队达成更大的业务目标提供精神动力。

"政委"要做的第三件事是根据各个业务目标完成的重要节点，制订各种大、小型活动的计划并执行。

在设定目标的同时,"政委"还需要设置几个时间节点,在这些节点完成不同的阶段目标。比如每一个季度的最后一个月,都需要完成一个当季最高业绩。所以,每年3月、6月、9月和12月都是一个时间节点。每年"双11",是很多企业的全年业绩最高峰,也是一个非常重要的时间节点。当这些时间节点确定后,"政委"就可以开始制订各种大型或小型活动的计划了。

像"双11"这样的大活动,"政委"就需要做一场启动大会,点燃大家的激情,对目标的认识达成一致,所以这个会需要"大火猛炒",要办得"激情四射"。每年年初的全年启动大会,也需要做成"大火猛炒"的形式。

人一定会有疲惫感和懈怠感,不能一直"大火猛炒",还需要"文火慢炖"。这就需要在平时安排小启动,比如每个月或者每个季度的团建、"裸心会"等,相当于做"情感银行"的储备。

之所以安排小启动,是因为如果每个月都打大仗,那么就变得没有大仗,如果每个月都打鸡血,那就会没有鸡血。

有节奏地推动大大小小的活动,是助力业务目标完成的一个很好的手段。

组织和人

在组织和人方面,"政委"同样要做三件事。

一是围绕业绩目标进行组织架构的梳理和雇员人数的制定,每个月做离职分析和人效分析。

关于人效分析:按照入职时间划分员工群体,做有针对性的人效分析,再根据结果制订相应的培训计划,因为不同阶段的员工人效低的原因是不一样的。

如果是入职一年以内的员工人效很低，说明在业务知识模块的培训方面，并没有匹配他们真正的需求，可能他们更需要的是与业务实操相关的培训。

如果入职三年以上的员工人效普遍偏低，很可能是他们对薪酬体系不满意或者对组织的信任感降低。这就需要"政委"为他们打强心针，加强他们与组织之间的连接。

二是关注具有非权力影响力的人群，也就是我们常说的民间领袖。

具有非权力影响力的员工往往拥有良好的群众基础，他们的行为对团队来说有很强的导向性。虽然这些人不在管理者的位置上，但他们可能是未来权力的拥有者或潜在的管理者。

"政委"需要跟这类民间领袖做好"情感银行"的储蓄和沟通，在平时的管理中维护好关系，这很有可能会帮助真正的权力拥有者降低管理成本，减少公司制度政策落地的阻力。

三是做好管理干部的培养机制。

在阿里有两条晋升通道，专业 P 线和管理 M 线，P4 是比较初级的员工，到了 P6 就属于专家，P7 是高级专家。M1 是最基层的管理者，M3 是经理，M4 是资深经理，M5 是总监。

M1 是要管理团队的，管的是 P 线的人。P 线里愿意做管理的人，也有可能成为潜在主管 M0，这要看个人意愿和能力，因为 M0 的工资不会调整，考核标准跟 P 线一样，但是有权参加 M1 一半的会议和培训。

通过这种方式，提升 P 线的员工的管理能力，也能起到民间传播的作用，等到公司有扩张需求时，这些人就会最先被考虑成为管理者。

这就是阿里的潜在基层干部培养机制。

从基层管理者成长为中层管理者，主要是从带一个小团队到带多个团队，工作重点从原来的执行变为资源整合协调，需要其思维和领导力水平有较大的提升。

阿里会定期开设培训课程，提升管理者的思维和领导力水平，也会通过"一带一"甚至轮岗的方式，锻炼中层管理者的管理和协调能力。

文化

文化不是单独存在的，在各个环节其实都会涉及文化工作。除此之外，就单独的文化而言，"政委"应该做好以下三件事。

一是对高压线的宣导。在企业里，一定要有边界和高压线，这是价值观的重要组成部分。

很多人认为价值观是扬善的部分，但价值观不仅要扬善，还要惩恶，这才是广义上的价值观。另外，还要做好标杆人物、典型故事的包装。对于奖励、晋升、辞退、惩罚制度，"政委"也需要向员工重点宣导。

二是讲故事。故事是有灵魂的证据。你跟员工一直讲价值观，慢慢地就会变成陈词滥调，很多员工会不愿意听，所以"政委"要讲故事。我们很难告诉员工应该做什么，但我们可以告诉员工别人正在做什么。

三是不断地讲。就是这么简单。

作为"大政委"，一要做好"首席解释官"，要注重对公司的愿景、使命、价值观、标杆人物、企业文化进行解释。二要做好"首席激励官"。

每次出现在任何一个员工面前,你都要做激励。三要做好"首席教育官",帮助员工不断成长。

沉淀企业文化是一件需要从小事着眼的工作,通过事无巨细地宣导,慢慢影响,让员工在思想上达成统一,紧密地凝聚在一起,更好地为共同目标努力。阿里中供之所以战斗力超群,很大程度上得益于深入人心的企业文化,得益于阿里铸造的强大使命、愿景和价值观。

总之,"政委"的工作就是以业务为导向,和业务管理者打配合战,促进目标的达成。"政委"负责的是解决关于人的问题,把控的是原则、底线、团队氛围,以及员工培养、成长体系。"政委"存在的意义是更好地为企业发展服务,从职能导向转变为业务导向,这也是近几年人力资源岗位的发展方向,企业需要多加重视。

番外篇

如何应对危机

在管理企业的过程中,困境无法避免,如何有效应对困境,是领导者自我修炼的一部分。

危机处理是一种应变领导力

在创业和管理过程中，困难、挑战、混乱、紧急、危机……无论你拥有什么样的能力和智慧，这些都无法避免。优秀的管理者会找到一个有效的应对方法和处理之道，这本身也是自我领导力修炼的一部分。我先和大家讲一个故事，这个故事大家都很熟悉，就是泰坦尼克号事件。

在这艘号称"永不沉没"的船上，当时救生艇的数量是不充足的，瞭望台上的瞭望员没有望远镜，史密斯船长为了提前一天抵达纽约，不顾遇到冰山的危险，执意提高航行速度。后来的结果众所周知，这是一场巨大的灾难。

当时行驶在北大西洋上的另外两艘船的故事就鲜为人知了。一艘叫作加利福尼号，它离泰坦尼克号是最近的，只有10英里[①]，本应该第一时间进行营救，但是当泰坦尼克号撞上冰山后不断发射求救弹的时候，加利福尼号竟然认为那只是一场烟火表演。当船开始沉没的时候，加利福尼号的一位二副断定那只是因为改变了前进方向而引发的远观船体的形状变化，始终没有一个人提出确认泰坦尼克号的种种反常。等到无线电报员早上起床收到不幸的消息时，才开始手忙脚乱地

---

① 1英里 ≈ 1609米。

准备营救，这个时候已经来不及了。

与之形成鲜明对比的是离泰坦尼克号 60 英里的卡帕西亚号。其无线电报员在睡觉的时候也是戴着耳机的，所以他在第一时间就收到了求救信号并向船长汇报。之后船长罗斯特伦做了三件事。

第一，调转船头，向出事地点进发，并增派瞭望员，提前观察冰山。

第二，和所有船员达成共识，全力施以援手，并分配任务，谁负责放救生艇，谁收集所有的救援物资，谁处理伤员等。

第三，在全速前进的过程中，不断计算、核实并调整航线，以避免自身的危险。最后卡帕西亚号早于距离更近的加利福尼号到达，对泰坦尼克号实施了有效的救援，救了近 700 人。

在这个故事中，只有卡帕西亚号的船长罗斯特伦找到了最有效的应对危机之道，他既没有坐视不管，也没有惊慌失措，而是采取了有效的行动。

后来有专家针对由此引发的关于企业危机的思考做了一个团队在应对危机时的状态模型。这个模型主要考量两个维度，一是团队的灵活性，二是团队的一致性，分为高和低，于是出现了四种不同的应对危机的状态，即指责状态、自负状态、孤立状态和学习状态。

应对危机的状态

对于一致性和灵活性都低的团队来说，危机来临时团队就会处于指责状态，会把矛头指向外界。比如疫情期间，有些人一会儿抱怨这个，一会儿抱怨那个，总说是别人的错，而不采取行动，坐以待毙。

一致性高、灵活性低的团队往往会有一种莫名其妙的自负，觉得反正已经是这样了，我们还比别人强一些，死也不会死我们一家，等着吧，看谁撑得下去。

在一致性低、灵活性高的团队中，管理团队往往会陷入一种孤立无援的境地。管理者有很多方法，但团队成员不配合。比如在当前情况下，认为反正在家办公领导监控不了，巴不得返工时间越晚越好，况且谁也不敢在当下进行裁员，看老板怎么办。

只有灵活性和一致性都高的团队，才会在这个时候进入学习状态。危机会激发每个人的无限创意，让团队变得更加有凝聚力，这种凝聚力会成为重要的文化坐标。进入学习状态的前提是这个团队已经明确企业的使命、愿景、价值观以及相应的行为规范，同时员工也认同。正因为有了这样的基础，当年的阿里，才能让非典事件成为企业发展史上的一个重要转折。

危机之下，我们首先要进行自我诊断，清楚自己的团队所处的状态。当然这个状态只是一个果，而你之前的业务运营、团队建设、文化打造，包括你以身作则，才是因。

边反思，边行动

管理者在此期间要做的第一个反思就是：面对疫情，为何团队今天是这种状态？之前做对了什么，又做错了什么？接下来哪些部分是要坚持做的，哪些部分是需要舍弃的，又有哪些是要加强的？

危机之时，也是看清人性和人心的绝佳时机。我们要顺应人性，不要去考验人性，也不要站在道德制高点指责。我们要检阅人心，发掘哪些人是能够承担责任的大将；哪些人有勇无谋，嘴上喊打喊杀，但没有实际行动；哪些人畏首畏尾，贪图安逸，未来无法同甘共苦。

当然，反思的同时还要行动，边反思，边行动。

行动的第一步就是检查现金流，看看账上的资金能否支撑三到六个月。这个时候一定要做最坏的打算，而不是乐观估计。如果无法支撑，就要做预案，如何筹资，如何开源节流，这些都要细化。

接着要做的就是把团队调整到最佳状态，也就是让团队从指责、自负或者孤立状态进入学习状态，通过调整打造团队的凝聚力，增强企业文化土壤的肥力，从而提升团队的作战能力。

调整团队的状态分为三个步骤，这三个步骤不仅适用于目前的情况，也适用平时公司遇到困难和危机的时候。提出这个理论原型的是一个美国人，叫作丹尼尔·科伊尔。他写了一本书，叫作《极度成功》，是关于企业文化打造的。我结合当年阿里的做法，当下的情况，以及我对团队的理解和认知，将科伊尔的理论优化和调整成三个步骤：第一，共享脆弱；第二，创造安全感；第三，赋予意义。

共享脆弱

我相信在面对非典这么大的疫情的时候，除了一些特殊行业，或者纯线上企业领导者，大部分企业领导者都会感到无力和脆弱，而怎么表达、向谁表达、什么时候表达脆弱，是非常重要的。

管理者不要急着和团队成员谈论危机背后可能存在的机会。危机当然是一个无比巨大的挑战，对一些企业来说甚至是灭顶之灾，但是不经历这种煎熬，不经历这种绝望，怎么会找到信仰和机会呢？管理者要指出现在组织正面临危机，这是事实，危险也是事实，而机会是需要由大家创造，但在创造之前，务必承认事实。

在组织管理中，有一个重要的认知叫作系统良知，指的是在团队和组织中，有一股特别的力量在引导个体和组织，让人们不是走向目标，就是走上岔路。系统良知与道德无关，是个体和个体之间形成的一种无意识认知。当管理行为符合系统良知的方向时，团队会趋于平衡、和谐；如果不符合，系统将自我修正，团队将失衡，产生冲突和矛盾，直至毁灭。运用系统良知的第一步就是承认事实。

面对非典，马云一开始也是恐慌的，他对关明生说："我们的企业要倒闭了。"

但是马云调整得很快，在第一时间就和高管团队达成了共识。他把所有员工召集起来，戴着口罩，站在桌子上讲话，让所有人在下班前撤出办公室，回家办公。他说："尽管我们面对巨大的挑战和困难，但客户服务工作不能停。"在 2004 年的价值观优化中,"客户第一"成为"六脉神剑"的第一条。

危机期间要做的不是打造文化,而是让行为和坚持成为文化的基本假设,然后在后期慢慢提取和淬炼文化。

还有一个情况,由于当时阿里的员工是杭州仅有的四名感染者之一,而这名感染者接触了大量的阿里员工,因为这一个人,阿里最后的总隔离人数超过 1 000。《人民日报》还专门刊发了一篇《麻痹的代价》的社评,对阿里提出了批评,只是文中没有提及阿里之名,只说杭州某网络公司。当时,马云的压力是无比巨大的。

他在公司内部的公开信中说:"这几天我心情很沉重,从知道确诊到现在,我一直想向所有人表示深深的歉意。如果今天有任何东西能够交换我们患病同事的健康,如果今天我们可以做任何事来确保同事和杭州父老兄弟姐妹的健康,我愿意付出一切!"

对于"非典给了阿里机会"这样的说法,马云曾经在公开场合表示了他的不赞同。用他的话说:"非典时期,谁都不应该认为这是一个机会,而应该想想大家遇到了什么麻烦,我们应该提供什么帮助。"

从马云当年的表达中,我们可以看到,共享脆弱并不是无病呻吟,而是承认事实,表达真实感受,立足当下。

在这次疫情中,我觉得西贝董事长贾国龙做得非常好。他发了一封公开信,说企业扛不过三个月。这既在共享脆弱,也在承认事实,这也正是一个企业家成熟的地方。有的人打掉牙往肚子里咽,虽然有勇气,但过于悲壮,更没有必要。

企业不是一个人的组织,我们需要和其他人共享脆弱,包括我们的供应商、员工、投资人、股东、客户等,让大家清楚我们的真实情况,不夸大，不掩盖，让大家在不同的能力范围内施以援手。困难是凝聚力最好的催化剂。

创造安全感

疫情之下，老板显然极其焦虑，员工也很没有安全感，因为谁心里都很清楚，在这种情况下，企业面临倒闭的风险，员工也面临失业的风险。在这种情况下，只要团队还能够进行正常有序的工作，保持一种凝聚力，那么复工之后就能够快速集结，创造佳绩。如果团队因为危机而人心涣散，复工之后也很难快速进入工作状态。

当年阿里在非典期间，马云天天打电话询问确诊员工的情况，而当时的 COO 关明生也在香港天天打电话给其他员工，询问情况如何，有没有什么困难，需要什么帮助。哪怕是在家办公，阿里员工内心还是有很强的安全感和归属感的，觉得始终有人在牵挂他们。哪怕员工一个人在家工作，也要让他感觉身后站着千军万马。

当然并不是每一位员工都有很强的自觉性，所以我们既要给员工安全感，也要打破舒适感，非常重要的一点就是务必和员工强调是在家办公，并不是在家休假，是工作，只是换了一个工作场所。下面我给大家提供一个简单易行的方法——每天四次打卡。

第一次打卡是在早上 9 点半之前，让员工将自拍的照片发到公司群里进行打卡。这件事情看上去简单平常，但你要知道人皆有爱美之心，又想要保持形象，一旦这样要求，大部分人就没法睡懒觉了。在实施过程中，我甚至知道有人为了早上拍照打卡而洗了头，有人拍了照不满意又删，删了又拍，折腾一下，就不会再躺下去了。还有，员工穿着平时上班的衣服和穿着睡衣，工作状态是完全不一样的，所以我们要求员工哪怕在家，也要穿正常工作的衣服，因为这就是在工作。

第二次打卡，就是晒自己每天的一日三餐，大家可以互相点评一番，始终让大家感觉在一起。

第三次打卡，就是公布自己每天的健身情况。一个人的自律往往是从每天健身开始的，而且人都有一种互相较劲的心理，比如我就会特别关注那几个和我身体素质差不多的同学，他们今天做了几个俯卧撑、几分钟的平板支撑，我就想明天超越他们，这也是团队互相激励的一种状态。

第四次打卡就是每天的工作日报，有些人哪怕暂时没有工作内容，也必须分享一条工作或学习心得。同时可以邀请一位每天工作量相对较少的同学进行监督和统计，迟到打卡或漏打卡的同学需要发红包。关于全国的疫情情况和自己本省、本市的疫情情况，我也会专门指定同事负责发送，让每个人都动起来，又不让每个人重复相同的工作。让员工彼此产生连接和沟通，是打造安全感的第一步。

在这种情况下沟通和交流还要学会拥抱快乐，人在快乐的状态下更容易释放激情和创意，尤其是现在大家普遍处在焦虑的状态。如何让大家不见面，只在线上就可以拥抱快乐呢？

2003年，阿里巴巴选择在线上开音乐会，举办卡拉OK大赛，互相指定对方在线上唱歌给大家听，还进行打分和PK，大家玩得不亦乐乎。

也可以在线上开"裸心会"，大家在一起聊聊解除疫情后最想做的事情是什么，去年一年很想感谢但忘了感谢的那个人是谁，最想吃但现在又吃不到的一道菜是什么等，以此来加强团队的沟通和交流。

等到疫情结束后，把这些照片播放给大家看的时候，留下来的都是欢笑和泪水，也会成为企业文化的土壤。

如果整个团队需要一起沟通一些事，那么起码要求是语音会议，最好是视频会议，让大家能够互相听到或者看到。

还有一件很重要的事，就是不断地给大家加油打气。在这种资源和行动都受到严重约束的情况下，我们往往会做出一些创新，做一些以前不擅长的事情。这个时候，我们不仅仅要实现工作目标，更重要的是通过工作调动人的状态。

我是一个对团队要求比较高的人，也常常批评下属，但在疫情时期，我不断告诫自己务必先忍住，多表扬，多鼓励，或许团队在鼓励之下所展现出来的成果和价值会令你刮目相看。

当做好这些之后，我们就需要把团队聚焦到一件很重要的事情上，那就是如何和我们的客户进行连接。员工也很清楚，只有客户才是我们的衣食父母，如果客户丢失了，企业就没有了未来。

2003年，面对非典，阿里巴巴并没有这方面的担心，因为线下的管控反而让线上的流量激增了7倍。阿里本身就是一家互联网企业，擅长线上运作。当年的互联网应用也不像今天这样普遍，所以非典事件等于让大家有了一个契机认识互联网的信息开放带来的价值，提高了阿里在国际上的知名度。就像今天的在线游戏、生鲜电商，它们也享受了这次危机的红利，但大多数企业受到了很大影响。

举个例子，我们是一家线下培训公司，就受到很大影响，因为线下无法聚会了。这个时候，我们就要回归商业本质进行思考：培训公司本质上在赚什么钱？是在赚认知差异的钱。公司的战略控制点是知识模式，组织能力是产品和学习力。

原来的客户连接和产品交付在线下进行，而在危机时刻，我们要用同等的战略控制点和组织能力把客户的连接和交付搬到线上，仅此而已。今天互联网工具和基础建设已经非常完善，目前的情况还不至于马上进行战略调整和组织转型，我们要改变的是客户的触点——从线下到线上。

我想其他公司也是一样的。当下，如何改变我们与客户的触点和沟通方式是当务之急，老客户和大客户要如何维护、保持连接，有没有机会获取新客户，要在营销和传播上进行创新，而战略调整和组织转型是在疫情过后要思考的问题。

一个成熟的人必然有认清现实的自知之明和延迟满足的自制力，面对大灾，不必恐慌。

赋予意义

针对当下疫情和在线办公的情况，要给工作赋予意义，我们首先要做的就是20个字：定小目标，拆小团队，用短时间，打小战役，给小鼓励。如果以前是一个月定一次目标，现在要变成一周甚至三天定一个目标，一个团队七八个人分成两组分别完成工作，工作完成后即时进行奖励。总的来说，就是短、频、快。

有些企业可能会问："我们现在没有那么多工作怎么办？"面对这种情况，就可以鼓励员工思考创新，三四人一个小组，每三天拿出一个切实可行的方案，比如与客户连接方式的创新、营销传播方法的创新，也可以讨论流程上的创新、服务上的创新，还可以让团队共同学习一个在线课程，写学习心得和行动计划。当然也可以让员工共同读一本书。

总而言之，无论如何，团队一定要有目标，组织自动运行的前提就是目标明确。

我们还可以定义当下工作的价值。领导者一定要引导员工认识工作的价值。这里和大家分享一下我在这次疫情期间对员工说的两段话。

第一次是在大年初五，国家要求延期开工，我是这么说的："今年年初的疫情对于我们这样的中小企业来说是不小的挑战，在国家大义和生命安全面前，我们有再大的困难也必须服从和妥协，但也请大家从初七开始把自己调整到工作状态，给客户多一声问候，在家里多写一篇公众号文章，认认真真地深度阅读一本书，和我们的老师多做一些互动和交流。请用你自己的方式努力。生命是可贵的，但虚度光阴并不是珍惜的方式。公司可以放假，但你不可以给自己的成长放假。"

等到杭州宣布2月3日无法复工，要推迟到2月10日的时候，我是这样说的："这次疫情对我们大家来说都是一次考试。对于公司，这是一次数字化能力和团队凝聚力的考试，是一次现金健康度和运营创新能力的考试。对于大家，这是一次关于自律，关于工作意义、价值认知和理解的考试，也是关于学习能力和应变能力的考试。我相信一定有人不及格，也有人得到高分。得到低分的企业会被市场无情地淘汰，得到低分的员工会被企业无情地淘汰，这就是我们每个人需要面对的残酷现实。或许你可能会说，这不由你来定义和选择，但如果企业在这场疫情下会死掉，那么我希望它努力到最后一刻，而你如果在这场疫情中会被淘汰，那么请把每一天过得充实。"

这样的表达和沟通是一个领导者非常重要的能力，这就是"定义工作的价值"。为什么要把这些事情讲得这么明白和清楚？因为在危机之下，如果员工没有危机感，那才是一件最可怕的事情。

最后，我非常鼓励员工和企业共同承担部分损失。

疫情期间，快餐连锁品牌老乡鸡董事长束从轩霸气地撕掉员工联名信的视频曾经引发热议，信的内容是员工在疫情期间不拿工资的申请。他在视频中说："即使卖房子、卖车，也要给大家发工资。"我非常佩服他，在这么艰难的时刻还能够坚持正常发放工资是很难得的，他是一位非常有担当的企业家。

我想从另外一个角度探讨一下：企业到底是不是家？如果企业不是家，是利益共同体，那么既然是利益共同体，当集体利益受到影响的时候，个人利益为什么不可以受影响？可能有人会说，企业是一个家。那么既然是一家人，为什么不能共同承担损失？

我的建议是，当真的有员工主动提出降薪，这非常好，这说明你平时领导有方，团队凝聚力足够强，而且大家有主动担当的意识。根据企业的实际情况，你可以选择不降薪，也可以选择降一定的百分比，让企业活下来，让大家有工作，才是更好的选择。

如果没有员工主动提出降薪，你也不要觉得遗憾，这不能说明什么，也不要认为大家没有为企业考虑，提的未必真心，不提的也未必假意。但是作为领导者，你可以主动坦诚地提出来。我看到北京有一家企业向员工提出，要么减半薪资，要么企业破产，我觉得这是一种成熟的做法。

老乡鸡的束总选择的是一种对员工负责的方式，而减半薪资是另一种对员工负责和对企业未来负责的方式。

到这里，关于危机之下如何凝聚团队的三个步骤就讲完了。在疫情期间，应稳定团队心态，提升团队凝聚力。

首先我们要认识到团队应对危机的状态分为4种，分别是自负、指责、孤立和学习。领导者要做一个自我诊断和评估，同时还需要站出来做三件事情：一是关于人才、组织和人心、人性的反思；二是进行现金流的盘点和经营状况的预测；三是把团队调整到最好的学习状态。

调整团队，凝聚团队，要做的也是三件事。

一是要共享脆弱。回归事实，并且和股东、投资人、资本方、合作伙伴、员工、客户等进行有效沟通。

二是要为员工创造安全感。安全感源自平等的沟通和交流，可以实行打卡的机制，让团队拥抱快乐，找到和客户连接的方法。

三是赋予团队意义，创造一个或多个有价值的目标，重新定义工作的价值和意义，要让员工有危机感，和企业共同承担损失，共同迎接企业的未来。

我们大家一起加油，期待早日拨云见日，春暖花开。

祝每一位管理者，都能用文化的力量让领导力成为内心生生不息的火焰，去指明方向，温暖人心，打造一支真正的铁军团队。